D1752794

*E*DITION KRUEGENHALTZ

HORST VOGEL

Ach, könnt' ich Euch nur ändern ...

INHALT

Warum Sie nicht bekommen, was Sie brauchen – und wie Sie das ändern _____ 7

Guten Tag! (S. 8) • Das Arrangement (S. 14) • Wenn die Zauberhand ausbleibt (S. 16) • Je länger, je lieber (S. 18) • Die Brautleute (S. 20) • Welcher Moment entscheidet (S. 22) • Der Seelöwe (S. 26) • Ausgelernt (S. 27) • Kind werden (S. 29) • Die Entdeckung des Wollens (S. 33) • Die Freiheit des Könnens (S. 34) • Sie haben recht (S. 35) • Der Zauber der Verwandlung (S. 38)

Wie Sie erkennen, was da im Weg steht _____ 47

Die Basiszutat (S. 54) • Gefühlsdefizit (S. 56) • Der liebe Gott weiß alles! (S. 65) • Licht ins Dunkel (S. 67) • Warum wir uns so schwertun (S. 71) • Gut erzogen? (S. 73) • Nötig oder nicht nötig? (S. 76) • Was wollen Sie? (S. 83)

Wie Sie den Schlüssel finden _____ 93

Warum wir handeln, wie wir handeln (S. 98) • Schon passiert (S. 99) • Auf hoher See (S. 111) • Die Quelle der Bereitschaft (S. 113) • Wissen ist Bewußtsein (S. 116) • Niemals ohne (S. 121) • Sind Sie bereit? (S. 125) – *Bereitschaft ohne Erkenntnis – Erkenntnis ohne Bereitschaft* • Bist du bereit? (S. 130) – *Die Prüfung – Das Fördern*

Wie das, was Sie brauchen, zu Ihnen kommt _____ 141

Ganz normal (S. 150) • Stetiger Wandel (S. 158) • Spontaneität unterdrückt Denkbereitschaft (S. 161) • Bewußt statt spontan (S. 166) • Wer spricht? (S. 168) • Bewußt denken (S. 177) • Wie du mir, so ich dir? (S. 180) • Das Hinderliche und das Förderliche (S. 181) • Die Regeln des Universums (S. 187)

Wie Sie zum Meister werden _____ 197

Wer bestimmt? (S. 208) • Daneben (S. 218) • Auf der Suche nach
dem richtigen Maß (S. 224) • So justieren Sie richtig (S. 226) –
*1. Justieren Sie vor – 2. Nehmen Sie Ihr Gegenüber wahr –
3. Justieren Sie stetig nach*

Wie Sie den Schlüssel weitergeben _____ 237

Der Schlußstein (S. 240) • Geben und Nehmen (S. 243) • Gedanken-
leser (S. 246) • Bereit zu empfangen (S. 255) • Inhaltsaspekt versus
Meinungsaspekt (S. 257) • Auf Signale des Gegenübers achten
(S. 259) – *Nebensätze – Zwischentöne – Körpersprache* • Fixierte
Bilder (S. 265) • Die Präsenzzeit (S. 267) • Der Prozeß (S. 275) •
Wenn alle gewinnen (S. 277)

Wie Sie die letzten Hindernisse überwinden _____ 289

Vorhang zu! (S. 299) • Im Mangelzustand (S. 302) • Voll Energie
(S. 304) • Danke! (S. 307) • Recht geben (S. 310) • Der wahre Wert
(S. 312) • Das eine, das alle verbindet (S. 319) • So geben Sie
Bestätigung (S. 321) • So nehmen Sie Bestätigung an (S. 325) •
Die Königsklasse: Selbstbestätigung (S. 327) • Heute! (S. 337)

Warum Sie nicht bekommen,
was Sie brauchen –
und wie Sie das ändern

Guten Tag!

Sie haben begonnen, mein Buch zu lesen. Interessant. Wieso tun Sie das?

Ich kann nicht wissen, was Sie dazu gebracht hat, aber ich hoffe, Sie wissen es, denn wenn Sie keinen richtigen Beweggrund haben, verschwenden Sie gerade Ihre Zeit.

Überlegen Sie mal: Ist Ihr Leben genau so, wie Sie es sich wünschen? Bekommen Sie immer das, was Sie wollen? Widerfahren Ihnen nur Dinge, die Sie glücklich machen? Haben Sie alle Ihre Ziele erreicht? Haben Sie keine Wünsche mehr offen?

Wenn Sie der Meinung sind, daß Sie rund sind, dann wüsste ich nicht, warum Sie dieses Buch lesen sollten. Es ist besser, Sie legen es weg oder schicken es mir zurück. Ihr Geld bekommen Sie von mir zwar nicht erstattet – ich meine, wenn Sie eine Inszenierung, die nicht Ihren Geschmack trifft, nach den ersten Szenen verlassen, erhalten Sie an der Theaterkasse das Eintrittsgeld auch nicht zurück –, aber das Buch können Sie mir zurückgeben. Das ist auf jeden Fall besser, als jetzt weiterzulesen, obwohl Sie gar nicht wissen, warum. Das ist weitaus besser, als es zu Hause ins Regal zu stellen und einstauben zu lassen.

Halten Sie es allerdings für möglich, daß das Leben Ihnen noch mehr bieten kann, wenn Sie eine Sehnsucht in sich spüren, der Sie nachgehen wollen, oder wenn Sie eine Ahnung haben, daß es Ihnen an etwas fehlt, dann lade ich Sie herzlich ein weiterzulesen.

Tun Sie es, bekommen auch Sie die Gelegenheit, hinter den Vorhang zu schauen. Hinter den Vorhang, der Ihnen den Blick auf die Realität verhängt. Sie sehen die Welt nicht so, wie sie ist. Sie sehen sie durch Ihren eigenen Vorhang.

Sie haben Ihren Vorhang selbst gewebt. Indem Sie sich in Ihren Lebensumständen eingerichtet haben. Sie halten sich mehr an Ihre Gewohnheiten als an Neues. Weil Sie aufgehört haben, Ihre Gewohnheiten zu hinterfragen, dominieren diese Ihr Leben.

Der Vorhang hängt schwer vor Ihrem Blick: Sie nehmen die Dinge nur noch indirekt wahr und nicht mehr direkt. Das ist bequem. Aber förderlich ist es nicht.

Dieses Buch kann Ihnen helfen, den Vorhang beiseite zu schieben und einen direkten Zugriff auf das zu bekommen, was Sie Ihr Leben nennen. Ob Ihnen alles gefallen wird, was Sie dann wahrnehmen, kann ich Ihnen nicht sagen. Was ich Ihnen aber sagen kann, ist: Machen Sie den Vorhang auf, werden Sie die Welt anders wahrnehmen als jetzt. Sie werden erstmals sehen, was wirklich ist. Als erstes werden Sie sehen, was es ist, was Ihnen fehlt. So wie Claudia …

—

Das ist zuviel. Jetzt reicht es ihr.

„Ich muß mal an die frische Luft, sonst geht hier noch etwas zu Bruch", ruft Claudia der Assistentin zu und schmeißt die Kanzleitür hinter sich zu. Im Gehen zieht sie sich Ihren Trenchcoat über den schicken Hosenanzug. Sie hat nicht gerade die richtigen Schuhe für das Nieselwetter an, aber das ist ihr gerade egal. „Das muß ich mir nicht bieten lassen!" murmelt sie vor sich hin. „Nicht ausreichend recherchiert, sagt er! Pah!"

Sie überquert die Straße und dampft in den Park gegenüber. Sie ist in der Mittagspause oft hier, weil es so schön grün ist hier. Aber jetzt sieht sie kein Grün. Sie sieht rot. So heftig wie möglich tritt sie gegen einen der Kieselsteine auf dem Weg. Der donnert scheppernd gegen den Blechmülleimer.

Ein kurzes, scharfes Bellen ertönt wie eine Antwort. Claudia schaut erstaunt auf, als sei sie eben erst im Park angekommen.

Ein kleiner Terrier steht neben einer Bank und schaut sie mißtrauisch an.

Auf der Bank sitzt ein älterer Herr. Er trägt einen hellen, knielangen Mantel, darunter lugt eine gepflegte Anzughose hervor. Obwohl die Parkwege ein wenig aufgeweicht sind, glänzen seine schwarzen Schuhe, als wären sie gerade erst poliert worden. Er lächelt milde und sieht Claudia direkt in die Augen, als er sagt: „Sie haben ihn erschreckt."

Claudia stammelt: „Oh, Entschuldigung, das wollte ich nicht." Der Herr nickt, sein Lächeln bleibt. „Wollen Sie sich setzen?" fragt er sie und macht eine einladende Geste hin zur freien Hälfte der Parkbank.

„Nein", schießt es aus Claudia heraus, und dann sagt sie: „Ja." Er lächelt weiter und fragt ruhig: „Ja oder nein?" Claudia schaut hilfesuchend auf den Weg und sagt dann langsam: „Ich weiß nicht." Der Mann sagt: „Aha. Wieso wissen Sie es nicht?"

‚Ja, warum weiß ich es eigentlich nicht?', denkt Claudia. Jetzt fällt es ihr ein und sie sagt: „Weil ich wütend bin." Er nickt wieder. Er nimmt den Blick von Claudia und läßt ihn über die samtige Rasenfläche schweifen: „Ist es nicht herrlich hier? Gerade wenn der Himmel so wolkenverhangen ist, bekommt

das Grün eine besondere Leuchtkraft. Ich kann das Leben förmlich riechen hier. Riechen Sie es auch?"

Er sieht sie wieder freundlich an. Claudia tritt von einem Fuß auf den anderen. Sie spürt auf einmal, daß ein bißchen Feuchtigkeit in ihre Pumps eingedrungen ist. Sie schaut sich gehorsam um und hebt die Nase schnuppernd in die Luft, und dann nickt sie: „Sie haben recht, das habe ich noch nie so bemerkt."

Sein Lächeln wird etwas breiter, als wolle er sagen: „Das habe ich mir gedacht", aber er antwortet nicht. Stattdessen schauen beide einige Momente schweigend gemeinsam in die nebelgrauen Weiten des Parks. Der kleine Terrier hat sich hingesetzt. Sein Blick ruht immer noch auf Claudia, aber das Mißtrauen ist aus seinen Augen gewichen.

„Wissen Sie jetzt, ob Sie sich setzen möchten?" unterbricht der Herr die Stille mit ruhiger Stimme. Claudia schaut ihn an und nickt. Sie zieht ihren Trenchcoat straff, damit er vom Sitzen keine Falten bekommt, und setzt sich ganz außen auf das freie Stück Bank.

„Sie waren also wütend?" fragt er und sieht ihr in die Augen. Wieder nickt sie, diesmal heftiger. Die Wut wallt wieder in ihr hoch. Er sieht aufmerksam zu, wie sich ihre Hände zu

Fäusten ballen und spricht weiter: „Möchten Sie mir erzählen, was diese Empfindung in Ihnen ausgelöst hat?"

„Was heißt hier ‚was'? Sie müßten fragen, wer mich so wütend gemacht hat!" bricht es aus Claudia heraus. Der Sturm in ihr ist wieder da, die Szene von eben steht ihr vor Augen. Gleichzeitig denkt sie: ‚Warum erzähle ich das? Noch dazu einem wildfremden Menschen?'

„Also gut, wenn Sie meinen", sagt er. „Wer hat Sie so wütend gemacht?" „Mein Chef. Ich bin eindeutig die beste Anwältin in seiner Kanzlei. Ich arbeite am härtesten, ich gewinne die meisten Prozesse, und dann wirft er mir vor, ich sei schlecht vorbereitet gewesen. Ich hätte viel besser recherchieren müssen. Nur weil die Gegenpartei auf einmal einen Sachverhalt aus dem Hut gezaubert hat, mit dem keiner rechnen konnte." Claudia fuchtelt mit den Fäusten durch die Luft.

Der Terrier ist wieder aufgestanden und verfolgt ihre Bewegungen angespannt. Der Mann hört ihr aufmerksam zu und schweigt.

Claudia fährt fort: „Da kann ich doch nichts dafür, daß das dumm gelaufen ist. Mein Chef muß doch sehen, daß ich sonst auch immer top vorbereitet bin. Glauben Sie, er hätte mich je dafür gelobt? Ach, wenn ich den nur ändern könnte."

Sie öffnet eine Faust und schlägt mit der flachen Hand auf die Lehne der Parkbank. Ein leises Knurren ist zu hören.

Das Arrangement

Wenn ich sage, Sie haben sich in Ihren Lebensumständen eingerichtet, dann meine ich so etwas wie Ihren Beruf, bei dem der Chef Sie nervt, aber das Gehalt gut ist, oder eine Wohnung, die Sie nicht schön finden, die aber günstig und gut gelegen ist, und in der Sie es deshalb immer noch aushalten.

Diese äußeren Gegebenheiten gehören zum Arrangement, aber sie sind eben nur ein Teil davon. Genaugenommen sind sie nur ein Ergebnis dessen, wie Sie sich Ihre inneren Umgebung arrangiert haben. Oder formulieren Sie für sich Sätze wie: „Ich möchte hervorragende Arbeit leisten und dafür Anerkennung bekommen!" Oder: „Mein Chef motiviert mich durch seine Kritik, mich immer weiter zu verbessern – auch wenn er es nicht sagt, hält er mich für eine gute Kraft." Oder bezogen auf die Wohnung: „Mir ist eine schöne Wohnung wichtiger, als dreimal im Jahr Urlaub zu machen, also ziehe ich jetzt um!" Oder: „Die Innenstadtlage ist so phantastisch, was zählt da schon das abgenutzte Parkett. Ich ärgere mich nicht mehr darüber."

Solche Sätze bleiben aus, und deswegen akzeptieren Sie die äußeren Umstände so, wie sie sind. Deswegen sagen Sie Dinge wie: „Der Chef ist ein Idiot, aber einen besseren Arbeitsplatz kriege ich nicht. Der Wohnungsmarkt ist dicht, da finde ich nichts Besseres. Das ist so. Ich kann nichts daran ändern."

Aber innerlich spüren Sie eine latente Unzufriedenheit. Sie spüren, daß Sie es gern anders hätten. Und dann? Dann fangen Sie an zu träumen. Sie stellen sich vor, wie schön es wäre, wenn der Chef nicht mehr so kritisch wäre, sondern Sie auch mal loben würde. Sie malen sich aus, wie wunderbar es wäre, Ihre Freunde in einer moderneren, geräumigeren Wohnung zu empfangen.

Und was tun Sie?

Nichts.

Sie belassen es bei dem Wunsch, daß Ihr Vorgesetzter sich ändert, und Sie hoffen darauf, daß Ihnen – von wem auch immer – eine Wohnung angeboten wird, die genau Ihren Vorstellungen entspricht. In dieser Erwartungshaltung,

Ihre Umgebung möge sich bitte ändern, verharren Sie Jahr um Jahr. Vielleicht Ihr ganzes Leben!

Wenn die Zauberhand ausbleibt

Darf ich Ihnen etwas sagen? Indem Sie das erwarten, machen Sie sich unweigerlich zum Opfer der Umstände. Wenn Ihre Träume sich nicht wie durch Zauberhand erfüllen – und in 99,9 Prozent der Fälle werden sie das nicht –, dann haben Sie keine andere Wahl, als traurig, frustriert oder wütend zu werden. Diese negative Reaktion darauf, daß die Dinge doch anders laufen als erhofft – die Enttäuschung Ihrer Erwartungen –, wird Ihnen zur Gewohnheit. Sie läuft bei jedem noch so nichtigen Anlaß ab. Das heißt im Fall von Claudia: Immer wenn der Chef auch nur eine kritische Frage stellt, rastet sie aus. Aus der Sicht des Chefs völlig grundlos. Aus ihrer Sicht völlig gerechtfertigt, denn schließlich hat er ihr wieder nicht gegeben, was sie von ihm erwartet hat.

Das Tückische ist, daß uns diese Gewohnheiten, die Reaktionsmuster, die wir immer wieder abspulen, nicht bewußt sind. Stellen Sie sich das vor wie einen Kurzschluß in Ihrem Gehirn, der so schnell abläuft, daß Sie ihn gar nicht wahrnehmen. Er läuft an Ihrer Wahrnehmung vorbei. Sie registrieren nicht Ihr Bedürfnis, zum Beispiel nach Anerkennung, sondern nur Ihre Reaktion: Sie spüren, wie Sie entweder auf Angriff schalten oder sich in eine Ersatzhandlung verkriechen – vielleicht auch beides. Es wird Ihnen nur bewußt: Ich reagiere, also muß das, was die Reaktion hervorgerufen hat, ein Angriff gewesen sein.

Ich hatte einmal eine Seminarteilnehmerin, die unter Panikattacken litt: Sobald auf ihrem Schreibtisch mehr als zehn offene Fälle landeten – was auf ihrem Gebiet keine große Zahl war –, überfiel sie eine tiefe Angst. Dieses Gefühl war so bedrohlich, daß sie sich nur noch zu helfen wußte, indem sie an solchen Tagen gar nicht ins Büro ging. Mit dieser Ersatzhandlung reagierte sie zuverlässig immer gleich auf die Situation. Die Irrationalität dieser Angst war ihr durchaus bewußt, aber sie konnte sie einfach nicht überwinden. Also arrangierte sie sich damit: Sie beendete die berufliche Tätigkeit und konzentrierte sich ganz – ohne großen Spaß – auf die Erziehung des Hundes und die Pflege des Gartens.

Und? Ist ihr Leben dadurch schöner geworden? Ihr selbst war die Tatsache, daß die Vielfalt der Möglichkeiten und Gefühle aus ihrem Leben gewichen war, lange Zeit gar nicht bewußt. Es war, als ob sich ihr Blickfeld unmerklich eingeengt hätte. Sie litt nur an einem zunehmenden Engegefühl, das schließlich für sie der Grund wurde, zu mir ins Seminar zu kommen.

Je länger, je lieber

Das Arrangieren fühlt sich anfangs richtig schlecht an. Nach einer kurzen Phase der Erleichterung durch die Ersatzbefriedigung überfällt Sie ein schlechtes Gewissen. Sie wollen aber weder die enttäuschende Situation noch dieses schlechte Gefühl.

Also, was tun Sie? Sie lernen mit der Zeit, den Kollateralschaden, also das schlechte Gewissen, immer effektiver zu verdrängen. Je mehr diese Verdrängung zur Gewohnheit wird, um so wohler fühlen Sie sich.

Das schlechte Gefühl taucht dann nur noch ab und zu auf. Etwa wenn Sie „die Krise" kriegen. In dieser Situation wird Ihnen das schlechte Gewissen durch einen äußeren Impuls bewußt. Aber wenn die Krise überstanden ist, ist alles wieder beim Alten. Das fühlt sich ja schließlich auch gut an. Gut? Na ja. Aber zumindest fühlt es sich sicher an.

So arrangiert sich die große Mehrheit durch ihre Gewohnheiten. Die Frau mit den Panikattacken ist sicherlich ein besonders spektakulärer Fall. Meist kommen die Gewohnheiten wesentlich unauffälliger daher. Die Variationsbreite dabei ist so vielfältig, wie die Menschen es sind. Deshalb kann ich nicht sagen, in welchen Umständen Sie sich eingerichtet haben. Aber ich könnte es erkennen, wenn ich Sie sprechen hörte. Immer, wenn jemand sich mit etwas arrangiert hat, benutzt er bestimmte Wendungen. Die verbreitetste ist: „Ach, eigentlich läuft alles."

Das sagen zum Beispiel Eheleute, wenn die Ehe bröckelt und sie dennoch zusammenbleiben, obwohl sie nicht mehr an das gemeinsame Glück glauben. Aber die Fassade steht perfekt: Die Kinder haben ein Zuhause, die Eltern sind zufrieden und winken mit dem Erbe, der soziale Status ist gut und jemanden zum Streiten zu haben ist immer noch besser, als allein zu sein. Hinter diesem schönen Schein steckt eine tiefe innere Krise.

Krisen gibt es in jedem Leben, doch wer sich arrangiert hat, sitzt sie einfach aus. Jede Klärung droht, in eine Änderung zu führen. Jede Änderung bedeutet Unbequemlichkeit. Unbequemlichkeit, die Sie auch körperlich spüren, und das möchten Sie nicht. Lieber sollen sich doch die anderen ändern, nicht wahr?

Die Brautleute

Wie beschreibt es das Bonmot von den Brautleuten vor dem Altar so schön? Er denkt: „Ich wünsche mir, daß alles für immer so bleibt, wie es ist" – und sie denkt: „Ich werde ihn schon noch so ändern, daß er zu mir paßt."

Ich erwarte von den anderen, daß sie sich ändern, damit sie in *mein* Bild passen. Damit sich *meine* Wünsche realisieren. Damit *meine* Bedürfnisse gestillt werden. Und die Menschen in meiner Umgebung? Die denken genauso. Also erwarten wir gegenseitig Änderung voneinander.

Nur: Wer ändert sich dann? Keiner.

Wenn sich keiner ändert, was ändert sich dann? Nichts.

Sage ich das meinen Seminarteilnehmern, ernte ich oft verzweifelte Blicke, verbunden mit der Frage: „Gibt es also nichts, was ich an meiner Situation ändern kann?"

Oh doch, das gibt es. Es gibt genau einen Menschen, den Sie ändern können. Das sind Sie selbst.

Bitte sagen Sie jetzt nicht: „Aber ich bin halt so, wie ich bin." Wir sind nicht so, wie wir sind, weil wir eben so sind und uns nichts anderes übrig bleibt. Wir sind so, weil wir uns so gemacht haben oder haben machen lassen. Alles andere sind Ausreden.

Wenn Sie sich das vor Augen führen, erkennen Sie, daß die Bandbreite der Änderungsmöglichkeiten bei Ihnen selbst riesig ist. Um dieses Sich-vor-Augen-Führen geht es: Das ist Ihr Blick hinter den Vorhang. Erst wenn Sie Ihre Gewohnheiten erkennen, können Sie davon Abstand nehmen.

Das ist wie in dem Märchen vom Rumpelstilzchen: Die Kraft des bösen Männleins ist in dem Moment gebrochen, in dem die Königin seinen Namen benennen kann. Es zerreißt sich daraufhin selbst in der Luft. Das tun Ihre Gewohnheiten nicht ganz so automatisch, aber durch ihre Benennung eröffnen Sie sich zumindest die Möglichkeit dafür, mit ihnen zu brechen. So lange die Gewohnheiten Ihr Handeln dominieren, besteht Ihr Handeln aus reiner Reaktion.

Es kommt ein Impuls von außen und Sie reagieren, ohne darüber nachzudenken. Weil die Gewohnheit die Reaktion schon festlegt und Ihr Bewußtsein gar nicht mitbekommt, daß es hier eine neue Entscheidung zu treffen gilt.

Welcher Moment entscheidet

Ein Mensch, der nur reagiert, kommt Zeit seines Lebens zu spät. Er handelt nie in die Zukunft gerichtet, sondern auf etwas hin, was in diesem Moment schon Vergangenheit ist. So kann er nie auf der Höhe des Geschehens sein, er bleibt im Vergangenen stecken. Das beobachte ich bei so vielen Menschen: Ihr Denken ist durch die Vergangenheit bestimmt. Das bedeutet: Sie sind mit ihren Gedanken nicht in der Gegenwart.

Die Aufmerksamkeit in der Gegenwart aber ist der Schlüssel zur Lösung vieler unterschiedlicher Schwierigkeiten. Deshalb steht das Prinzip des Gegenwartsbezogenen Denkens dasjenige der Prinzipien, das ganz am Anfang steht. Es lautet:

**Ich schaue auf das, was ich tue.
Ich richte meine Aufmerksamkeit auf das, was ich tue.**

Sie werden im Verlauf des Buches noch sechs weitere Prinzipien kennenlernen, die alle von grundlegender Bedeutung sind.

Sie zusammen umfassen alles, was Sie wissen müssen, um Ihr Leben zum Positiven zu ändern.

Damit Sie sie immer wieder nachschlagen und sich an sie erinnern können, finden Sie sie jeweils schön ausgestaltet am Ende eines Kapitels.

Daß sie in Schreibschrift gehalten sind, hat einen Grund: Ich empfehle grundsätzlich, daß Sie das, was Sie sich einprägen wollen, selbst mit der Hand und in Schreibschrift niederlegen. Ihr Denken, das Ihre Hand in Bewegung setzt, die Bewegung Ihrer Hand selbst und Ihr visueller Eindruck vom Entstehen der Buchstaben vertieft Ihre Erinnerung an die Wörter, die Sie schreiben. Die Verbindung der Buchstaben untereinander formt die Einheit der Wörter.

Möchten Sie sich die Prinzipien einprägen, dann nehmen Sie einen Stift zur Hand, und schreiben Sie sie nieder. Am besten nicht nur einmal, sondern immer wieder.

Das Prinzip des Gegenwartsbezogenen Denkens ist keines, das Sie ab und zu anwenden sollten, denn es gibt nicht den entscheidenden Moment in Ihrem Leben, in dem Sie dieses Prinzip brauchen.

Wieso? Ganz einfach: Weil jeder Moment Ihres Lebens ein entscheidender Moment ist. Sie stellen jeden Augenblick in Ihrem Leben die Weichen – ob passiv durch die

Gewohnheiten, die Sie sich gegeben haben oder geben haben lassen, oder aktiv durch Ihre Entscheidungen.

Deshalb ist das Prinzip des Gegenwartsbezogenen Denkens eines, das Sie in jedem Moment anwenden sollten. Nur wenn Sie mit Ihrem Denken in der Gegenwart sind, können Sie sehen, welche Möglichkeiten Sie haben. Es gibt immer Optionen, und Sie können sich immer bewußt für eine davon entscheiden.

Der ältere Herr blickt auf den knurrenden Terrier. Der kleine Hund schaut zu ihm auf – fast sieht es aus, als wären sie im Zwiegespräch. Ruhe kehrt ein. Er wendet sich wieder Claudia zu und fragt freundlich: "Waren Sie denn auch dieses Mal top vorbereitet?"

"Aber sicher", sprudelt es aus Claudia heraus. Sie zögert für einen Moment und setzt ein bißchen leiser hinzu: "Na ja, ich hatte wenig Zeit für die Vorbereitung." Aber sofort strafft sie sich wieder und sagt laut: "Aber nur, weil mich der Chef mit so viel Arbeit zugeknallt hat."

Er nickt und sagt: "Es könnte also sein, daß er ein bißchen recht hat mit seiner Aussage?"

Claudia windet sich, sie schaut erst auf den Terrier, dann in den Park und dann auf die Bank. Schließlich sagt sie: „Aus seiner Sicht schon."

Wieder bäumt sich etwas in ihr auf, und sie schaut den Herrn direkt an: „Ja, aber ich habe auch recht. Ich habe ein Recht darauf, mich zu ärgern."

„Sie sagen, Sie haben ein Recht, sich zu ärgern", wiederholt er nachdenklich. „Also haben Sie es getan."

Jetzt, wo sie das so hört, ist es ihr fast peinlich. Sie schweigt und starrt auf die durchweichten Spitzen ihrer Wildlederpumps. Sie versucht, ein Blatt, das sich an die Sohle des einen Schuhs geheftet hat, mit dem anderen Fuß abzustreifen.

Er wartet ab und beobachtet ihre Gedanken.

Schließlich rollt ihr eine Träne die Wange hinunter, und noch eine, und noch eine. Sie wischt sie mit dem Handrücken weg und schaut den Mann an. Mit piepsiger Stimme fragt sie: „Und was soll ich jetzt tun?"

~

Der Seelöwe

Menschliche Reaktionsmuster sind grundsätzlich so unterschiedlich wie die Menschen selbst. Es gibt aber eine Situation, in der reagieren alle Menschen gleich. Nämlich dann, wenn sie auf eine Lösung oder eine Idee treffen, was sie anders machen könnten.

Die erste Reaktion ist nicht „Danke!", „Interessant, so habe ich es noch nicht gesehen" oder „Was bedeutet das eigentlich konkret?", sondern die gleichförmige Antwort lautet: „Ja, aber …"

- „Ja, aber ich bin da anders."
- „Ja, aber ob das auch funktioniert?"
- „Ja, aber es kommt doch darauf an, ob mein Partner da mitspielt."
- „Ja, aber ich habe keine Zeit, kein Geld, und auch kein Selbstvertrauen."
- „Ja, aber ich muß vorher meinen Mann, meine Mama, unsere Tochter und ihr Meerschwein fragen, was sie davon halten."

Diese Erfahrung habe ich in meinen mehr als 45 Jahren intensiver Seminartätigkeit immer und immer wieder gemacht, auch wenn die „Ja, aber"s in den unterschiedlichsten Formen vorkommen: Mal ist es nur ein irritierter Blick, mal ein unausgesprochener Gedanke, mal eine gepfefferte Gegenfrage an den Seminarleiter.

Unabhängig von der Form haben diese unterschwelligen Proteste immer die gleiche Bedeutung: „Ja, ich habe das gehört, aber meine Erfahrung sagt mir, daß das nicht geht." Diese sich automatisch einstellende Abwehrhaltung gegenüber jeglichem neuen Denkansatz ist vollkommen normal, vollkommen verständlich und zugleich vollkommen hinderlich.

Wieso ist sie normal? Dazu fällt mir folgender Sketch ein: Eine Reporterin interviewt im Nordmeer einen weisen, alten Seelöwen. Der brummt mit seinem Baß ins Mikrophon: „Alles, was ich weiß, kann ich; und alles, was ich kann, weiß ich. Also weiß ich alles."

Ausgelernt

Genau das ist die Grundhaltung, die ich meine. Sie ist so verständlich und gleichzeitig so hinderlich. Mit der Aussage „Ich weiß" blockieren Sie innerlich und unbewußt jeden Lernprozeß.

Keine Frage, ein gesundes Selbstbewußtsein ist gut und wichtig. Nur bedeutet das gesunde Selbstbewußtsein nicht, daß Sie aufhören zu fragen, hinzuhören und dazuzulernen. Die meisten Menschen hören jedoch damit auf – und zeigen damit, wie wenig selbstbewußt sie sind. Nur ein gesundes Selbstbewußtsein ermöglicht es, sich gegenüber Neuem zu öffnen, ein geringes Selbstbewußtsein verhindert das.

Irgendwann am Ende der Schulzeit, am Ende ihrer Ausbildung oder nach den ersten Jahren im Beruf haben diese Menschen für sich entschieden, daß sie die Schnauze voll haben vom Lernen.

Korrigieren Sie diesen Entscheidung im Laufe des Lebens nicht, lernen sie nichts mehr dazu. Es sei denn, sie werden gezwungen. Das passiert meist im Beruf, indem sie zu Fortbildungen geschickt werden, und die besuchen sie nur mit Widerstreben – denn „eigentlich läuft ja alles".

Aber wenn alles läuft, warum sind diese Menschen dann nicht zufrieden und glücklich? Warum ist ihr Leben nicht rundum harmonisch?

Neulich hatte ich ein Erlebnis: Bei einer Bekannten wurde Krebs diagnostiziert. Der Arzt erzählte ihr dann gleich, wie einfach die Operation sei und daß sie sich keine Sorgen machen müsse. Als sie mir mitteilte, daß sie bald operiert wird, sagte ich ihr, daß es auch andere Möglichkeiten gibt, die Krankheit zu heilen. Ob sie sich das anhören wolle? Sie war zunächst dankbar für diese Idee und offen dafür, sich in die Thematik zu vertiefen. Sie fuhr zum Arzt, um die OP abzusagen – und was passierte? Eine halbe Stunde später lag sie unterm Messer.

Ich fragte sie hinterher: „Wieso hast du das gemacht?" Sie überlegte ein wenig und sagte dann: „Na ja, wir haben halt nie gelernt, selbstständig zu entscheiden. Es gab immer eine Autorität, die es für uns gemacht hat."

Kind werden

Der Grund, warum das Leben so unharmonisch läuft, ist also darin zu suchen, daß wir schlicht nicht lernen, eigene Ziele zu entwickeln und selbstständig Entscheidungen zu treffen bezogen auf das, was wir wollen.

Ich behaupte, daß das ein Ergebnis eines Erziehungsprozesses ist. Da steckt keine böse Absicht desjenigen dahinter, der erzieht. Aber Mama und Papa können nur das weitergeben, was sie selbst beherrschen. Und wenn sie etwas selbst nicht können, können sie es auch nicht weitergeben. Deshalb erlebe ich es immer wieder, daß erwachsene Menschen vor einer schwierigen Situation stehen und mich um Rat bitten. Das ist oft so, als würde ein Kind mich in der Rolle als Vater fragen, was es tun soll. Die Menschen werden ganz klein, sie regredieren förmlich, sprechen oft sogar mit kindlicher Stimme. Weil sie selbst nicht entscheiden können.

Um eine Entscheidung zu treffen, bedarf es einer Voraussetzung und die möchte ich Ihnen nun vorstellen.

Ich nehme an, Sie wollen ein glückliches Leben führen. Das möchte jeder Mensch auf dieser Erde, doch für jeden bedeutet das etwas anderes. Machen Sie mal den Selbsttest: Wenn ich Sie jetzt frage, wie Sie sich ein glückliches Leben vorstellen, haben Sie sofort eine Antwort parat? Die meisten, die ich frage, können es nicht auf Anhieb sagen.

Wenn ich dann weiterfrage: „Haben Sie Ziele?", dann kommt so etwas wie „Ja, ich möchte gesund sein."

Ich frage weiter: „Sind Sie krank?"
Mein Gesprächspartner: „Nein, nein!"
Ich: „Na gut. Was verstehen Sie denn unter Gesundheit?"

Mit solchen Fragen kommen Sie in einen Reflektionsprozess hinein und nähern sich tatsächlich dem an, was Sie wollen. Tatsache ist: Auf einer tiefen Ebene wissen Sie sehr wohl, was Sie für Ihr Glück brauchen. Aber dieses Wissen ist in Ihrem Unterbewußtsein verborgen.

―

Auf ihre Frage, was sie tun solle, antwortet der ältere Herr mit einer Gegenfrage: „Was würden Sie denn normalerweise in so einer Situation tun?" Claudia überlegt: „Das Gleiche wie immer eben: Ich würde noch eine Weile hier im Park bleiben, bis ich mich beruhigt habe, und dann zurückgehen."

Er nickt und fragt: „Und dann? Was würden Sie im Büro tun?" „Na, arbeiten", sagt sie in verständnislosem Ton. „Was sonst?" Er nickt wieder und sagt: „Sie würden also die Sache auf sich beruhen lassen." Sie nickt. Er schaut sie lange an und fragt dann: „Was würde sich dadurch ändern?"

Sie schnaubt: „Wahrscheinlich nichts." „Möchten Sie denn, daß sich etwas ändert?" fragt er in gleichmütigem Ton.

„Ja, doch", erwidert sie. „Mein Chef soll sich schon ändern." „Wie soll er sich denn Ihrer Meinung nach ändern?" fährt der ältere Herr fort. „Er soll anerkennen, daß Fehler jedem mal

*passieren können – und mir tut es ja auch leid", sagt Claudia.
„Er soll Ihnen also Anerkennung geben. Weiß Ihr Chef das?"
fragt er unschuldig.*

„Was?"

*„Na, daß Sie ihm in diesem Punkt recht geben, daß Sie sich
des Fehlers bewußt sind und daß es Ihnen leid tut?" „Gesagt
habe ich das ihm nicht", erwidert Claudia nachdenklich und
sieht in den Park.*

*Nach einem Moment der Stille räuspert sich der Mann und
sagt: „So, und nun entschuldigen Sie mich bitte. Wir haben
noch ein Stück zu gehen, mein Hund und ich." Er erhebt sich.
Obwohl er nicht mehr der Jüngste zu sein scheint, macht ihm
das Aufstehen keine Mühe. Er ist größer und schlanker, als er
im Sitzen wirkt.*

*Er lächelt auf Claudia hinunter, beugt kurz den Kopf zum
Gruß und wendet sich zum Gehen. Das Hündchen scheint ihr
ebenfalls zuzunicken, bevor es mit tänzelnden Schritten zu
seinem Herrn aufschließt. Sie folgt den beiden mit dem Blick,
bis das Helle des Mantels und das Braunschwarz des Hunde-
fells im Regengrau des Parks verschwinden.*

∼

Die Entdeckung des Wollens

Ich sage also, daß das, was Sie wollen, in Ihrem Unterbewußtsein bereits vorhanden ist, und Sie es trotzdem nicht benennen können. Dafür gibt es einen guten Grund: Sie haben das, was Sie wollen, zuvor noch nicht bewußt gedacht. Ihr Denken läuft zunächst immer in gewohnheitsmäßigen Bahnen. Ohne daß Sie daraus ausbrechen, werden Sie immer nur das bereits Gedachte denken. In Ihrem Denken wird sich nichts ändern. Trotzdem ist Ihr Wollen da, auch wenn Sie es nicht wahrnehmen. Es ist wie bei meiner ersten beruflichen Erfahrung als Fluglotse. Das Flugzeug war da und doch war meine Wahrnehmung nicht die von einem Flugzeug, sondern ich sah ein helles Pünktchen auf einem dunklen Schirm.

Die Wahrnehmung läßt sich schärfen, indem Sie ihr Ihre Aufmerksamkeit schenken, und zwar in dem einzigen Augenblick, in dem die Wahrnehmung möglich ist: im Jetzt. Über diese bewußte Wahrnehmung werden Sie neue Gedanken bekommen, Sie werden Neues denken. Dieser Vorgang gelingt den Menschen manchmal zufällig, ohne daß sie es selbst merken. Es fällt ihnen gar nicht auf, daß sie auf einmal Neues gedacht haben. Oder sie bemerken das unangenehme Gefühl von Änderung und drängen die neuen Gedanken so schnell wie möglich wieder zurück.

Weil ihnen der Prozeß nicht auffällt oder nicht angenehm ist, werden sie ihn nicht absichtlich wiederholen können. Deshalb müssen sie – um bisher nicht gedachte Gedanken zielgerichtet zu denken – zunächst erfahren, warum sie das tun sollten und wie das geht. Das kann ihnen zum Beispiel ein Mentor zeigen.

Es kann aber auch allein gelingen, wenn Sie bereit dazu sind. Befinden Sie sich in einer Entscheidungssituation, dann empfehle ich Ihnen, sich an das Prinzip des Gegenwartsbezogenen Denkens zu erinnern: Schauen Sie auf das, was Sie tun! Mit dieser Fokussierung auf die Gegenwart richten Sie Ihre Aufmerksamkeit kurz von der Situation weg auf etwas anderes: zum Beispiel auf das, was Sie um sich herum sehen, oder auf das, was Sie riechen, oder auf das, was Sie fühlen. Dann können Sie – wenn Sie sich später in die Konfliktsituation zurückbegeben – überlegen, was Sie hätten anders machen können. Welche anderen Dinge Sie hätten denken können.

Die Freiheit des Könnens

Das ist das Wunderbare am Gegenwartsbezogenen Denken: Sie entdecken auf einmal, was Sie bisher nicht gedacht haben, aber denken könnten. Diese Entdeckung schafft für Sie ganz neue Möglichkeiten im Handeln: Erst wenn Sie etwas anderes denken können als bisher, können Sie auch etwas anderes tun.

Es ist so: Alles was Sie tun, müssen Sie vorher gedacht haben. Es bedarf Ihrer Gedanken, um eine Handlung zu initiieren. Denken Sie es nicht, wird es nicht passieren. Nur wenn Sie anderes denken, können Sie auch anders handeln. Wissen Sie, was das Großartige daran ist? Sobald der Unterschied sichtbar wird zwischen „nicht müssen, aber können", ist der Moment gekommen, in dem Sie sich überhaupt erst entscheiden können, Dinge anders zu machen als sonst. Sie müssen nicht anders handeln, aber Sie können es. Es steht Ihnen immer noch frei, sich doch wieder für Ihre Gewohnheit zu entscheiden. Aber: Sie haben zum ersten Mal die Wahl.

Sie haben recht

Wie ich schon sagte, kann es Ihnen durchaus zufällig einmal gelingen, daß Sie bisher nicht Gedachtes denken und dann auch anders handeln als gewohnt – oft mit großem Erfolg. Ich bin sicher, daß Sie eine solche Situation bereits mindestens einmal erlebt haben. Jeder hat das. Das könnte ein Anlaß sein, ab jetzt immer wieder anders zu denken und sich damit die Möglichkeit zu eröffnen, immer wieder anders zu handeln. Die wenigsten ziehen jedoch diese Konsequenz daraus.

Dabei eröffnen Sie sich mit ungewohnten Handlungen, zum Beispiel mit dem Eingeständnis eines Fehlers, völlig neue Möglichkeiten. Eines ist klar: Wenn Sie den Fehler vertuschen, dann gibt es Ärger. Gehen Sie aber zur beteiligten Person hin und sagen: „Ich habe einen Fehler gemacht", sagt sie in der Regel: „Nicht so schlimm. Lassen Sie uns sehen, wie wir das gemeinsam hinkriegen."

Mit dem Eingeständnis eines Fehler geben Sie Ihrem Gesprächspartner nämlich etwas: Sie geben ihm sein Recht. Das, was Sie zunächst für sich beanspruchen – recht zu haben –, das geben Sie ihm.

Wenn Sie das zum ersten Mal tun, wird Ihr Handeln beim Konfliktpartner zunächst eines auslösen: Verwirrung. Sie tun ja etwas, das er so nicht erwartet. Es passiert also etwas für ihn Ungewohntes. Das schafft im ersten Moment Irritation. Gleichzeitig schafft es noch etwas anderes: Es gibt ihm Anlaß für einen neuen Denkansatz. Wie dieser neue Ansatz entsteht, dafür gibt es eine einfache Erklärung:

Bekommt ein Mensch etwas, ist sein Impuls, auch etwas zurückzugeben. Wollen Sie von Ihrem Partner einen Kuß haben, ist es die probateste Methode, das zu erreichen, ihm Ihrerseits einen Kuß zu geben. Dann wird er Sie zurückküssen.

Aus dem „Ich will" wird ein „Wir wollen" – es wird ein gemeinsames Bedürfnis daraus, das Sie sich gegenseitig erfüllen.

Es ist wie ein Naturgesetz: Bekommen Sie etwas geschenkt, haben Sie den Wunsch, etwas zurückzuschenken. Lächeln Sie einen Menschen an, wird er zurücklächeln. Schauen Sie jemandem in die Augen, wird er Ihnen auch in die Augen schauen – vielleicht wird er nicht so lange durchhalten, aber er wird es im ersten Moment tun. Wünschen Sie sich also vom anderen etwas: Gehen Sie in Vorleistung und geben Sie.

Ich werde oft gefragt, woher ich von diesem Naturgesetz weiß. Da kann ich nur sagen: Wir leben in einer causalen Welt, und deshalb weiß ich das. Anders kann ich die Frage nicht beantworten.

Sehen Sie hin: In allem, was sie tun, reagieren Menschen zunächst, und zwar auf einer unbewußten Ebene. Wir reagieren, und wir erwarten bestimmte Reaktionen. Halten Sie jemandem die Hand hin, wird er Ihnen seine Hand geben. Tut er das nicht, sind Sie enttäuscht. Oder sogar wütend. Wird nämlich ein gewohntes Ritual auf diese Weise unterbrochen, spüren Sie eine tiefe Enttäuschung, und Sie spüren sie auch körperlich. Unsere anerzogene reaktive Denk- und Verhaltensweise bewirkt, daß wir uns körperlich unwohl fühlen, wenn wir oder unsere Interaktionspartner diese Reaktionsketten an irgend einer Stelle kappen.

Der Zauber der Verwandlung

Beim Geben und Nehmen muß es sich nicht immer um ein Gleiches handeln. Gibt Ihnen jemand ein Geschenk und Sie sagen: „Vielen Dank, das freut mich sehr", dann geben Sie ihm nichts Materielles zurück. Vielmehr transformieren Sie das Gegebene auf eine geistige Ebene und reichen als Gegengabe Ihre Freude zurück.

Diese Art der Transformation ist sogar vorteilhaft, weil Sie sich selbst erziehen. Sie üben sich darin, die Reaktion zu erkennen und zu fragen, ob es eine andere Möglichkeit der Gegengabe besteht, als einfach nur das Gleiche zurückzugeben. Sie schulen Ihren Blick für Ihre Vielzahl an Möglichkeiten, wenn Sie das tun.

Es ist nun mal entscheidend für die Gestaltung Ihres Lebens, daß Sie verschiedene Möglichkeiten denken können. Alles, was Sie erleben, haben Sie voraus gedacht. Das hört sich im ersten Augenblick kompliziert an. Ist es aber nicht.

Es ist sogar einfach: Wenn Sie sich nämlich bewußtmachen, was Sie denken, dann kennen Sie auch die Ursache dafür, wieso Ihre Welt gerade so ist, wie sie ist. Sie kennen die Ursache zwar nur für den Moment und vielleicht nicht in der Tiefe ihrer historischen Entwicklung, aber immerhin.

Ärgern Sie sich zum Beispiel über Ihren Partner, weil er sich Ihrer Meinung nach unfair oder rücksichtslos verhält, dann überlegen Sie: Wie haben Sie sich verhalten? Haben Sie sich fair und rücksichtsvoll ihm gegenüber verhalten? Seien Sie ehrlich mit sich. Vielleicht entdecken Sie, daß Sie ihm auch nichts Nettes signalisiert haben, und daß er nur auf Sie reagiert hat. Jetzt kennen Sie die Ursache für Ihr schlechtes Gefühl: Das sind Sie.

Das können Sie aber nur erkennen, wenn Sie in der Gegenwart sind; und wenn Sie in diesem Moment wahrnehmen, wie Sie in diesem Moment sind. Sie werden in der ruhigen Rückbetrachtung sehen können, wer der wirkliche Ausgangspunkt für die unschöne Situation war.

Endlich erhebt sich auch Claudia. Sie atmet tief ein und denkt: ‚Ja, das mache ich jetzt.' Sie geht entschlossenen Schrittes auf den Parkausgang zu, überquert die Straße und geht in das Bürogebäude. In der Kanzlei angekommen, hängt sie ihren feuchten Mantel an die Garderobe, streicht die Falten des Hosenanzugs glatt und geht an die Tür des Chefs. Sie holt nochmal tief Luft und klopft. „Herein", tönt es von drinnen.

Sie tritt ein, schließt die Tür hinter sich und räuspert sich. Ihr Chef schaut von seinen Akten auf. Irgendwie kommt sie ihm verändert vor. „Ähm, ja", fängt Claudia an und gibt sich einen Ruck: „Sie hatten recht, Chef. Das war nicht sauber recherchiert. Ich habe gedacht, es reicht schon so, aber das hat es nicht." Sie ist rot angelaufen.

Im ersten Moment verschlägt es ihm die Sprache: So hat er sie noch nie sprechen hören. In seinem Gesicht entsteht ein Lächeln: „Wissen Sie, eigentlich ist die Situation gar nicht so schlimm. Lassen Sie uns noch mal gemeinsam schauen, wie wir das regeln können. Ich bin sicher, wir finden die

Schwachpunkte in der Argumentation der Gegenseite, und da setzen Sie dann an. Bei Ihrer Qualität kriegen Sie das problemlos hin."

Jetzt ist es Claudia, der es die Sprache verschlägt. Sie nickt nur dankbar und verläßt das Chefbüro. Sie geht an der Assistentin vorbei, da fällt ihr etwas ins Auge. Sie bleibt kurz stehen und sagt: „Frau Helferich, Sie tragen eine wirklich schöne Bluse heute. Das fällt mir jetzt erst auf."

Die Assistentin strahlt und antwortet: „Vielen Dank. Das ist das erste Mal, daß Sie mir ein Kompliment machen. Wo ich doch immer Ihren Stil so bewundere." Claudia wird wieder rot, schwebt in ihr Büro und greift nach dem Telefonhörer. Sie wählt eine Nummer und sagt: „Hallo, mein Lieber." „Hallo, Claudia", tönt es knapp angebunden aus dem Hörer. „Hast du etwas vergessen? Oder habe ich etwas vergessen?"

Sie schluckt kurz, weil sie merkt, daß das Gehörte sie wütend macht. Als ob sie ihren Mann nur anrufen würde, wenn sie etwas von ihm braucht oder mit ihm schimpfen will. Dann aber denkt sie: ‚Na ja, damit hätte er ja gar nicht so unrecht.' „Nein, nein", sagt sie also in ruhigem Ton. „Ich wollte nur sagen, daß ich heute abend etwas von dem leckeren Thailänder mitbringen könnte. Auf was hättest du denn Appetit?" Stille im Hörer, und dann sagt ihr Mann versöhnlich:

"Entschuldige bitte, daß ich dich angefahren habe. Ich hätte gerne etwas mit Zitronengras und Kokosmilch. Ich freue mich auf dich." – und legt auf. Claudia starrt den Telefonhörer an. ‚Ich freue mich auf dich' hat er schon lange nicht mehr gesagt. Merkwürdig, sehr merkwürdig. Sie stellt sich ans Fenster. Sie kann in den Park hinübersehen. Es hat aufgehört zu nieseln, das Grau des Himmels ist schon fast in ein Weiß übergegangen. Der Mann im Park war definitiv merkwürdig. Aber er scheint etwas in Gang gesetzt zu haben.

‚Er hat irgendetwas an der Atmosphäre verändert', denkt sie. Dann kommt ihr ein Gedanke: ‚Nein, eigentlich hat er ja nichts getan. Nur ich habe etwas anderes getan als sonst. Vielleicht war ich es, die die Atmosphäre verändert hat.' Sie sinkt in ihren Schreibtischsessel, greift nach einem Stift, bewegt ihn zwischen den Fingern und beginnt vorsichtig zu schreiben:

Ich

Sie starrt auf das Wort. Ja, das ist richtig. Aber sie hat das Gefühl, es fehlt noch etwas. Sie zögert, aber dann sagt sie laut „Ja" und schreibt energisch dazu:

bin die Ursache.

Wieder schüttelt sie den Kopf. Wie gut, daß niemand sie beobachtet. Sie legt den Stift beiseite und streicht fast zärtlich mit den Zeigefinger über ihre Schrift.

Sie klopft energisch mit der Handfläche auf den Tisch, steht entschlossen auf und geht wieder ins Vorzimmer.

Sie nimmt den klammen Mantel vom Ständer, streift ihn sich über und denkt: ‚Das kann noch nicht alles sein. Ich will noch mehr wissen. Ich gehe ihn jetzt suchen.'

Prinzip

―

Gegenwartsbezogenes Denken

Ich schaue auf das, was ich tue

Wie Sie erkennen,
was da im Weg steht

Der Blick aus dem Fenster vorhin hat sie nicht getäuscht: Der Nieselregen hat wirklich aufgehört, doch die Luft fühlt sich noch feucht an, und noch etwas fühlt sich feucht an: Claudia schaut Richtung Boden. Verdammt, sie hätte wenigstens jetzt daran denken können, die Pumps gegen die festen Schuhe auszutauschen, die sie in der Kanzlei deponiert hat. So kriecht die Nässe schon wieder die Maschen ihrer Nylonstrümpfe hoch.

Sie steht vor der leeren Parkbank, auf der sie zusammen mit dem älteren Herrn heute vormittag gesessen ist. Sie muß lächeln bei der Erinnerung an die Situation: Wie er sie gefragt hat, ob sie sich setzen möchte, und sie sich nicht entscheiden konnte.

Schade, daß er nicht mehr da ist. Wobei: Wie kommt sie eigentlich auf den Gedanken, daß er immer noch hier sei? Beziehungsweise schon wieder. Sonst ist sie doch auch nicht so naiv! Der gute Mann hat sicher etwas Besseres vor, als den ganzen Tag in diesem Park herumzustrolchen.

Trotzdem schaut sie sich suchend um. Sein Hündchen braucht ja sicher mehr als einmal am Tag Auslauf. Es könnte also schon sein, daß er gerade jetzt auf dem Weg zwischen den Bäumen auftaucht.

So sehr sie aber schaut, er kommt nicht.

Plötzlich tippt sie jemand von hinten an. Claudia zuckt zusammen und dreht sich um. Ist er doch da?

Hinter ihr steht ein verhutzeltes Weiblein mit Kopftuch und Einkaufstrolley, dessen ausgebleichtes Karomuster kaum noch zu erkennen ist. „Darf ich mal?" sagt sie mit krächzender Stimme.

Claudia braucht einen Moment, bis sie versteht: Die alte Frau will an den Mülleimer hinter ihr. Hastig tritt sie einen Schritt zur Seite und die Frau beginnt, mit einem Stock in dem Eimer zu wühlen. Sie nickt zufrieden, greift mit der faltigen Hand in die Tonne und zieht eine Plastikflasche heraus. „Na also", murmelt sie.

Mit der Flasche in der Hand schaut sie nun Claudia auf, die immer noch wie festgewachsen neben der Bank steht, und strahlt. Wegen der vielen Zahnlücken mischt sich ein Zischen in das Krächzen, als sie sagt: „Jeder ist seines Glückes Schmied, nicht wahr? Immer wenn es regnet, gehen die anderen Sammler nach Hause. Nur mir macht das nichts aus." Sie kichert und steckt die Flasche umständlich in ihre Tasche.

Als sie sich wieder aufrichtet, soweit es ihr zusammengesunkenes Rückgrat erlaubt, sieht sie Claudia neugierig an und fragt: „Wartest du auf jemanden?"

Da erwacht Claudia aus ihrer Erstarrung und schüttelt brüsk den Kopf. Ohne ein Wort dreht sie sich um und macht sich auf den Rückweg in die Kanzlei. Ihre Schuhe geben bei jedem Schritt ein leicht quatschendes Geräusch von sich. Das Geräusch ärgert sie. Sie will es nicht hören, deshalb nimmt sie diesmal nicht die Treppe, sondern wartet auf den Fahrstuhl. Sie will im Moment überhaupt nichts hören, denn sie ist genervt und enttäuscht: Jetzt ist da mal einer, der ihr sagen kann, was sie tun soll, damit die anderen sich nicht immer mit ihr anlegen, und dann verschwindet er einfach. Sie merkt, wie sich ihre Enttäuschung in Ärger verwandelt. Wie kann der Mann es wagen, ihr ein paar Brocken hinzuwerfen und dann abzutauchen? Da ist es doch nur zu verständlich, daß sie jetzt stocksauer ist.

Mit einem Bing kündigt der Fahrstuhl an, daß sie im gewählten Stockwerk angekommen ist. Sie rauscht aus dem Lift und stößt die gegenüberliegende Kanzleitür auf.

"Anrufe?" blafft sie die Assistentin an, während sie sich den feucht-klebrigen Mantel vom Leib schält und an die Garderobe hängt. Die zuckt zusammen und stottert: "Nee-iin."

"Termine?" "Mom-ment." Frau Helferich ruft mit zitternden Fingern den Kalender am Bildschirm auf: "Nein, auch keine Termine heute nachmittag."

„Stellen Sie keine Anrufe durch, ich habe zu arbeiten", bellt Claudia und schmeißt die Tür ihres Arbeitszimmers hinter sich zu. Die Assistentin schaut ihr hinterher und denkt sich: ‚Aha, jetzt ist sie wieder normal. Schade eigentlich.'

Kaum sitzt Claudia am Schreibtisch, klingelt das Telefon. Sie reißt den Hörer hoch und sagt ruppig: "Ich habe doch gesagt, keine Anrufe durchstellen. Haben Sie was an den Ohren?"

"Nein, habe ich nicht", sagt ihr Chef gereizt. "Ist der Fall Bellhofer schon vorbereitet?"

Claudia schluckt. Mist, den hat sie total vergessen. Nur weil sie dauernd an diesen blöden Mann im Park denken mußte. ‚Das hat man davon, wenn man sich mit einem so komischen Kauz einläßt', denkt sie und antwortet: "Schon fast fertig. Ich werde nur dauernd unterbrochen."

"Jedenfalls warte ich auf die Akte. Klar?" Der schneidende Ton tut ihr weh. "Klar", entgegnet sie mit bemüht fester Stimme und legt auf.

‚Reiß dich zusammen, Claudia!' denkt sie und zieht energisch den Stapel Unterlagen zu sich heran. Dabei schiebt sie das Blatt, das in der Mitte der Schreibunterlage liegt, soweit beiseite, daß es über die Kante fällt und zu Boden segelt.

Sie bückt sich, um es aufzuheben. Ihr Blick fällt auf das, was sie vor wenigen Stunden selbst geschrieben hat. „Blödsinn", sagt sie ärgerlich, knüllt das Papier zusammen und schmeißt es in den Papierkorb. Entschlossen klappt sie den obersten Aktendeckel auf und vertieft sich in die Schriftstücke.

Sie taucht wieder auf, als es vorsichtig an der Tür klopft. „Was ist denn schon wieder?" fragt sie laut und schaut hoch. Oh, es ist schon fast dunkel draußen. Sie hat gar nicht bemerkt, wie die Zeit vergangen ist.

Die Tür öffnet sich vorsichtig, und ein Kopf erscheint. „Grüß Dich! Ich dachte, ich frage dich, ob wir nicht gemeinsam zu dem feinen Thai gehen und dort essen, anstatt daß du etwas mitbringst", sagt ihr Mann freundlich und lächelt einladend.

„Ich habe keine Zeit, ich muß den Fall heute noch abschließen." Schroffer als beabsichtig schießen die Worte aus Claudia heraus. „Geh allein hin, das ist dir doch eh lieber."

Er schluckt, macht aber einen zweiten Versuch: „Claudia, du mußt doch auch etwas essen."

„Das laß mal meine Sorge sein", antwortet sie kalt, schaltet die Schreibtischlampe ein und hat den Blick schon wieder auf die Akte gerichtet.

Sein Lächeln wirkt erstarrt, als er sagt: "Also gut, wenn du meinst, dann lasse ich dich jetzt in Ruhe." Er zieht die Tür hinter sich zu, heftiger als geplant.

Sie zuckt zusammen, aber sie schaut nicht hoch. Sie will sich konzentrieren. Sie starrt auf den Absatz, den sie gerade gelesen hat. Was stand da noch mal drin? Die Buchstaben vor ihren Augen beginnen zu schwimmen. ‚Oh nein, jetzt muß ich schon wieder heulen", denkt sie. ‚Ich weiß echt nicht, was mit mir los ist zur Zeit.'

Sie wischt sich mit dem Handrücken über die Augen und schnieft. Sie sinkt in ihren Schreibtischstuhl zurück und überlegt: ‚Mensch, heute mittag war doch alles gut. Es hat funktioniert, was der Mann gesagt hat. Endlich waren die anderen alle mal friedlich.' Die Tränen schießen ihr erneut in die Augen. ‚Und jetzt funktioniert schon wieder gar nichts mehr. Nicht einmal mehr ich.'

Sie starrt zur Decke und murmelt: "Ich weiß einfach nicht, was ich tun soll."

Mit einem tiefen Seufzer richtet sie sich auf. Dabei fällt ihr Blick auf den Papierkorb. Sie zögert einen Moment und beugt sich dann doch vor. Vorsichtig nimmt sie das zerknüllte Blatt Papier heraus und faltet es vorsichtig auseinander.

Sie streicht es so gut wie möglich glatt und legt es in den hellen Kegel, den die Schreibtischlampe in dem dunklen Anwaltszimmer erzeugt. Auf dem gleißenden Weiß des Blattes hebt sich ihre Handschrift mit scharfen Konturen ab:

Ich bin die Ursache.

Die Basiszutat

Das Leben wirklich *gestalten*, das geht nur unter einer Voraussetzung: daß Sie Ihre Bedürfnisse kennen, und wenn ich „Bedürfnisse" schreibe, meine ich wirklich „Bedürfnisse". Nicht Ihre Ziele, nicht Ihre Wünsche, nicht Ihre Sehnsüchte, sondern Ihre Bedürfnisse.

Essen, Trinken, Schlafen? Ja, die menschlichen Grundbedürfnisse zu stillen ist elementar, um unser Überleben zu sichern. Das sind nicht die Bedürfnisse, die ich meine. Unsere Existenz ist hier in Europa grundsätzlich gesichert. Die Bedürfnisse, die wichtig sind, um Ihr Leben in die Hand zu nehmen, sind individueller. Sie sind nicht für alle Menschen gleich, sondern sie haben etwas mit der ganz persönlichen Konfiguration Ihres Systems zu tun. Diese Bedürfnisse sind stets Gefühle, nach denen Sie streben.

Aus welchem Grund stehen Sie morgens auf? Was läßt Sie sogar aus dem Bett springen? Wenn Sie jetzt etwas zu antworten wissen wie „die Arbeit", „ein spannendes Projekt", „meine Tochter", „mein Hund", dann ist das sicher eine gute Sache. Dies ist nur vordergründig das, was Sie antreibt. Dahinter steckt ein für Sie angenehmes Gefühl.

Ein Gefühl, das so schön ist, daß es sich lohnt, hart dafür zu arbeiten, Belohnungen aufzuschieben oder auf andere Annehmlichkeiten zu verzichten.

Manche Menschen streben bei allem, was sie unternehmen, nach Ruhe. Andere nach Geborgenheit. Wieder andere nach Anerkennung oder danach, gesehen zu werden. Was auch immer genau Ihr Bedürfnis ist, Sie können davon ausgehen, daß es im Moment nicht gestillt ist. Ist es gestillt, ist es kein Bedürfnis mehr.

Bedürfnisse sind also immer offene Vorgänge, unerfüllte Wünsche oder Vorstellungen. Vielleicht haben Sie mal im Ansatz dieses Bedürfnis befriedigt – und das war schön. Jetzt haben Sie eine Ahnung davon, wie es sich anfühlt, wenn Sie bekommen, was Sie brauchen.

Sie können aber davon ausgehen: Haben Sie *jetzt* ein Bedürfnis, dann ist es *jetzt* komplett ungestillt.

Gefühlsdefizit

Ich denke, Sie kennen Ihr grundlegendes Bedürfnis nicht. Ich kenne Sie ja nicht persönlich, aber meine Erfahrung sagt: 99 Prozent der Menschen geht es so. Sie wissen nicht, was sie antreibt. Und darum sind sie stets latent unzufrieden – selbst wenn sie grundsätzlich ein schönes Leben führen und „keinen Grund zur Klage" haben.

Hören Sie den Unterton dieser Äußerung? „Ich habe keinen Grund, aber ich würde gern klagen." Irgendetwas fühlt sich nicht so an, wie Sie es gerne hätten. Bloß läßt sich dieses „Irgendetwas" nicht benennen. Weil Sie es nicht benennen können, können Sie es nicht ausdrücken. Das einzige, was Sie tun können, ist, es zu unterdrücken. Was passiert aber mit Unterdrücktem? Genau: Es drängt zu gegebener Zeit immer wieder an die Oberfläche.

Das ist der Moment, in dem Sie die altbekannten und immer wiederkehrenden Zustände der Frustration, Genervtheit, Verzweiflung erleben. Manche Menschen brechen in Tränen aus, wenn etwas nicht nach ihrer Nase läuft. Andere haben Wutausbrüche. Wieder andere werden aggressiv und teilen Kritik unterhalb der Gürtellinie, Unterstellungen oder Sarkasmus gegenüber ihren Mitmenschen aus. Auffällig ist, daß jeder Mensch seine eigenen, stets gleichen unangenehmen Empfindungen durchlebt. Jeder hat seine eingeübten Reaktionsmuster. Aber auf was reagieren wir da eigentlich?

Nehmen wir an, Sie rasten aus, weil Ihr Sohn Sie nicht informiert hat, daß er sich zum Abendessen verspätet. Die Verspätung ist nur die Begründung, die Ihr Verstand Ihnen für Ihre Emotion der Verärgerung liefert. Faktisch wird das Toben dadurch ausgelöst, daß eine Erwartung, die Sie hatten, enttäuscht wurde.

Mit Erwartung meine ich nicht, daß der Sohn pünktlich kommt – die eigentliche Erwartung ist das Gefühl, daß Sie sich von einem pünktlichen Abendessen mit der Familie versprechen, nämlich das innige Erleben von menschlicher Gemeinschaft. Sprich: Dieses tiefe Bedürfnis, das Sie hegen, droht unerfüllt zu bleiben. Das läßt Sie emotional reagieren.

Jetzt wird es interessant: Das Bedürfnis selbst ist Ihnen in dem Moment nicht bewußt. Ihnen ist nicht einmal bewußt, daß dieses Bedürfnis existiert. Sie denken, es ist Ihre erzieherische Pflicht, Ihrem Sohn Pünktlichkeit zu lehren. Ohne, daß Sie es überhaupt merken, schiebt sich der Erziehungsgedanke vor Ihr Bedürfnis – und trübt Ihre

Sicht. Da ist er wieder, der Schleier, der Sie davon abhält, klar zu sehen.

Das einzige, was Sie spüren, ist die Enttäuschung. Das Bedürfnis selbst dagegen spüren Sie nicht, weil Sie nur Ihre Emotion, nicht aber Ihr Bedürfnis wahrnehmen. Sie glauben, daß Ihr Sohn für Ihre unangenehmen Empfindungen verantwortlich ist. Sie tun also alles, um ihm klarzumachen, daß es so nicht geht und er sich ändern muß. Damit ernten Sie vermutlich Widerstand.

Nicht weil es verwerflich ist, die eigenen Kinder zu erziehen. Im Gegenteil! Ihr Sohn wird aber unterschwellig spüren, daß es hier nicht primär um sein Wohlergehen geht. Sondern darum, daß *Sie* nicht bekommen, was *Sie* wollen. Nur leider wird ein anderer niemals in der Lage sein, es Ihnen zu geben – weil er nicht einmal weiß, was es genau ist, was Sie wollen. Eins ist sicher: Das, was Sie zur Stillung Ihres Bedürfnisses brauchen, ist nicht die Pünktlichkeit Ihres Sohnes.

Solange wir nicht wissen, was unser Bedürfnis ist, erleben wir nur die Kehrseite davon: die Frustration der Nichterfüllung. Das scheint die einzige Möglichkeit, das Bedürfnis überhaupt wahrzunehmen, wenn auch nur über Umwege. Dabei tauchen zwei Probleme auf:

- Sie bekommen nicht das, was Sie brauchen, um ausgeglichen, zufrieden und glücklich zu sein.

- Indem Sie in sich etwas unterdrücken, unterdrücken Sie auch jemanden in Ihrer Umgebung. Den Partner, den Chef, den Kollegen, den Sohn. Sie lagern das Problem aus und schieben die Schuld für Ihr mangelndes Wohlbefinden einem anderen in die Schuhe.

~

Claudia steht am Fenster ihres Arbeitszimmers und starrt hinüber zum Park. Sie hat wie immer viel auf dem Schreibtisch, deshalb ist ihr gar nicht aufgefallen, daß es schon wieder später Nachmittag geworden ist.

Niemand hat ihr Bescheid gegeben, daß Zeit fürs Mittagessen ist. Wahrscheinlich sind die anderen auch nicht wirklich scharf darauf, daß sie sich mit dazusetzt.

Es ist über zwei Wochen her, daß sie diese merkwürdige Begegnung mit dem älteren Mann hatte. Er will ihr immer noch nicht aus dem Kopf gehen. Sie denkt immer wieder über ihr Gespräch nach und wie gut es sich angefühlt hat, als sie getan hat, was er gesagt hat. Wie kann sie das nur wieder so hinkriegen?

Sie ist jeden Tag drüben im Park sinnlos herumgestrolcht, doch von Tag zu Tag ist ihre Hoffnung gesunken, ihn noch mal zu treffen. ‚Habe ich mir die Begegnung vielleicht nur eingebildet?' fragt sie sich. Sie würde ja gerne mit jemandem darüber reden, aber mit wem? ‚Wenn mir jemand so eine Story erzählen würde, würde ich ihn auslachen', denkt sie traurig.

Aber immerhin, die Bewegung tut ihr gut. Also schnappt sie das mit Folie umwickelte Putensandwich, das sie heute morgen bei dem kleinen Deli an der Ecke mitgenommen und noch nicht angerührt hat, und macht sich auf den Weg.

Die Sonne ist bereits am Untergehen, als sie an der Parkbank vorbeikommt. Sie zögert kurz, geht dann aber entschlossen vorbei. Wieso sollte er ausgerechnet heute wieder herkommen? Sie schlendert den Weg entlang. Er hat gesagt, daß er das Leben hier förmlich riechen kann. Unwillkürlich saugt sie die laue Luft ein. Ja, ein bißchen riecht sie es auch. Und lächelt.

Der kleine Kiosk kommt in Sicht. Die letzten Male, als sie hier vorbeikam, war er noch geschlossen. Die weiß und grün gestrichenen Läden, von denen die Farbe abblättert, zugeklappt. Die wackligen Klappstühle in der gleichen bröselnden Farbkombination aufgefaltet und aneinandergekettet hinter dem Häuschen aufgereiht. Heute aber bietet sich

Claudia ein anderes Bild: Die Läden sind offen, die Stühle aufgestellt und sogar ein paar runde Tischchen haben sich eingefunden. Die letzten Sonnenstrahlen tauchen das rostende Paradies in ein romantisches Licht. Es sieht richtig einladend aus.

Ein junges Mädchen steht im schummrigen Inneren des Häuschens. Sie strahlt Claudia entgegen und fragt: „Was möchten Sie gerne?" „Tja, wenn ich das wüßte", antwortet die unschlüssig. „Vielleicht eine Cola?" „Gerne", zwitschert die junge Frau, dreht sich zum Kühlschrank und holt eine Dose heraus. „Macht eins fünfzig."

Mit der kalten Dose in der einen und dem Sandwich in der anderen Hand sucht sich Claudia einen freien Stuhl. Die Auswahl ist groß genug, es sind nicht mehr viele Leute da. Sie peilt einen Platz am Rand an, legt das Sandwich auf das Tischchen und öffnet mit einem Zisch die Dose. Sie stellt sie vorsichtig neben das Sandwich, denn das Tischchen wackelt. In ihrer Manteltasche kramt sie nach einer von ihren Visitenkarten. Die sind auf beeindruckend dicken Karton gedruckt, das sollte genügen. Sie beugt sich vor und schiebt ein Exemplar unter das schwebende Tischbein. Da fällt ihr Blick auf zwei schwarze, glänzend polierte Schuhe, die direkt vor ihr zum Stehen kommen. Gleichzeitig hört sie eine bekannte, ruhige Stimme: „Darf ich mich zu Ihnen setzen?"

Claudia läuft rot an und schnappt nach Luft, während sie sich aufrichtet und sagt: „Aber sicher. Wie schön, Sie zu sehen." Sie wundert sich selbst ein bißchen über ihren überschwenglichen Ton. Bevor sie sich selbst bremsen kann, sprudelt es aus ihr heraus: „Ich habe Sie die ganze Zeit gesucht!"

Der ältere Herr lächelt, zieht ein Stofftaschentuch aus der Sakkotasche und wischt über die Sitzfläche eines Stuhls. Er inspiziert das Ergebnis, nickt zufrieden und setzt sich. Der kleine Terrier steht daneben und wackelt freundlich mit seinem kurzen Schwänzchen.

„Du darfst dich auch setzen, mein Lieber", nickt der Mann ihm zu und schon läßt sich der Kleine neben dem Stuhl nieder. Aufmerksam blickt er von Claudia zu seinem Herrchen. Der wendet sich nun Claudia zu, sieht sie direkt an und sagt: „Ach, tatsächlich? Wieso haben Sie mich denn gesucht?"

„Na ja." Auf einmal beginnt sie zu stottern und fragt sich selbst: ‚Ja, aus welchem Grund eigentlich?' Der Mann wartet einen Moment, und als sie nicht fortfährt, fragt er: „Wollten Sie mir vielleicht erzählen, was Sie nach unserem Gespräch erlebt haben?"

Claudias Augen leuchten, als sie sagt: „Ja, genau. Stellen Sie sich vor: Ich bin zu meinem Chef gegangen und habe ganz offen zugegeben, daß ich einen Fehler gemacht habe, und mich dafür entschuldigt. Wissen Sie, was dann passiert ist?" Sie blickt ihn erwartungsvoll an. Er schmunzelt und sagt – halb fragend, halb feststellend: „Er hat die Entschuldigung angenommen!?" „Richtig." Sie nickt begeistert. „Er hat sogar gesagt, daß er mir hilft, den Fehler auszubügeln, und daß ich gut bin. Das hat er mir so vorher noch nie gesagt. Das ging runter wie Öl."

„Sie haben sich also wohl gefühlt in der Situation?" fragt der Herr. „Und wie! Endlich hat er mal anerkannt, daß ich gute Arbeit leiste. Das war aber noch nicht alles: Gleich danach hat mir die Assistentin, die mich sonst immer anguckt wie das Kaninchen die Schlange, etwas Nettes gesagt. Mein Mann dann auch noch. Ich war richtig sprachlos."

In ihren Gedanken laufen die Szenen noch einmal ab. Sie spürt ein warmes Gefühl. Gleichzeitig wundert sie sich wieder, warum sie diesem Mann schon wieder Dinge anvertraut, die sie sonst niemandem erzählen würde.

„Das klingt sehr gut", sagt der Mann lächelnd. „Wie ging es dann weiter?" Claudia legt die Stirn in Falten. „Leider nicht so gut." Das gute Gefühl ist wie weggeblasen, als sie hinzusetzt: „Noch am gleichen Nachmittag waren alle so wie immer."

„Aha", erwidert er. „Und Sie? Waren Sie auch wieder so wie immer?" Sie wiegt ihren Kopf hin und her und sagt niedergeschlagen: „Ja, vielleicht. Aber nur weil die anderen sich wieder quergestellt haben."

Sie blickt auf und dem Mann direkt in die Augen: „Genau deshalb habe ich Sie gesucht. Sie können mir sicher wieder sagen, was ich tun soll, damit die anderen vernünftig reagieren."

Er schüttelt den Kopf: „Sie irren sich. Ich habe Ihnen nicht gesagt, was Sie tun sollen. Ich habe Ihnen höchstens Ideen gegeben, wie Sie dahinkommen, daß Sie wissen, was Sie tun können. Diese Antwort kennen nur Sie, nicht ich."

Claudia überlegt und sagt: „Ja, aber Sie haben mir eine Idee gegeben, ich habe Ihnen geglaubt und es hat funktioniert." „Hmm. Eigentlich sollten Sie an sich glauben, damit es funktioniert", sagt er nachdenklich.

„Ja gut, ich versuche es. Aber erst brauche ich wieder eine Idee von Ihnen", sagt sie hoffnungsvoll und streckt ihre Hände aus, als wolle sie sie direkt von ihm entgegennehmen.

Er schüttelt sanft, aber energisch den Kopf: „Nein, Sie brauchen keine Idee von mir. Die finden Sie bei sich selbst."

Enttäuscht läßt Claudia die Hände sinken und sagt: „Und wie soll ich die finden?"

~

Der liebe Gott weiß alles?

Um das zu erleben, was Sie erleben möchten – wonach Sie sich tief sehnen –, müssen Sie Ihr ungestilltes Bedürfnis erkennen. Nur indem Sie herausfinden, was Sie wirklich brauchen, können Sie die wohligen Gefühle erleben, die Ihnen signalisieren: Jetzt ist mein Leben rund.

Die übliche Suche nach diesem Zustand der Ganzheit besteht darin, eine transzendente Autorität zu fragen: „Wer bin ich?" Oder: „Was ist der Sinn meines Lebens?" Wenn Sie Christ sind, fragen Sie den Lieben Gott; wenn Sie Muslim sind, fragen Sie Allah und wenn Sie keiner offiziellen Glaubensrichtung angehören, aber glauben, daß es etwas Größeres gibt, als Sie, dann fragen Sie das Universum, die Natur oder die Lichtwesen.

Jetzt ist es aber so: Befragen Sie etwa den Lieben Gott, wird er sich vielleicht gar nicht erinnern, wer Sie eigentlich sind. Er wird erst ins Archiv nach Ihrem Namen und Geburtsdatum schauen müssen. Was ist, wenn Sie ihn gerade beim Golfspielen oder einer anderen wichtigen Tätigkeit erwischen? Da wird er vielleicht antworten: das siebte Loch. Oder das achte Green. Oder Spiegelei mit Bratkartoffeln, weil er gar nicht bei der Sache ist. Wenn das selbst für den lieben Gott gilt, wie sehr gilt es dann für die Busenfreundin, die Schwester, den Cousin oder den Lifecoach?

Wollen Sie eine werthaltige, aufrichtige Antwort, können Sie nur sich selbst fragen. Wann immer Sie jemand anderes fragen, wird ziemlich sicher eine unsinnige Antwort kommen.

Ich betone das deshalb, weil dieser Gedanke so einfach ist – und doch so wenig in der Gesellschaft angekommen. Das ist aber genau der Grund, wieso so viele Menschen auf der Suche sind. Unabhängig vom Alter suchen sie nur, statt zu finden. Nach der dritten Scheidung suchen sie immer noch den richtigen Partner. Nach vier Irrwegen und fünf Fehlversuchen suchen sie immer noch den richtigen Beruf.

Warum? Weil sie im Außen suchen. Weil sie andere fragen, statt sich selbst. So können sie unmöglich Ihre Wahrheit finden. Kurz: Ihr innerstes Bedürfnis erkennen Sie, indem Sie nach innen schauen.

Licht ins Dunkel

Eigentlich sind wir gar nicht so unwissend. Wir spüren unsere Bedürfnisse schon. Wir haben sogar zumindest eine Ahnung, was wir tun sollten, um das Bedürfnis zu stillen, doch etwas in uns sträubt sich, das zu tun. Geben wir dem Abwehrmechanismus nach, enthalten wir uns selbst der Bedürfnisbefriedigung vor. Ich zeige Ihnen, wie ich das meine.

Als ich Kind war, haben meine Geschwister und ich öfter was ausgefressen. Natürlich haben die Eltern das früher oder später bemerkt. Sie haben uns nie bestraft, aber wir mußten uns für den Fehler entschuldigen. Im Vergleich zum stundenlangen Stehen in der Ecke oder zu einer Strafarbeit war das eine Kleinigkeit. Wir mußten nur sagen: „Mutti, Vati, ich bitte um Entschuldigung." Das aber war Bedingung. Vorher wurde mit uns nicht gesprochen.

Ich kann mich erinnern, als wäre es gestern gewesen: Manchmal hätte ich mir lieber die Zunge abgebissen, als um Entschuldigung zu bitten. Meine Eltern waren konsequent. Ich durfte auch nicht schlafen gehen, bevor ich mich entschuldigt hatte. Einmal habe ich es ausgehalten, bis nachts um 1.30 Uhr wach zu bleiben. Meine Eltern sind nicht ins Bett gegangen, haben keinen Druck gemacht, sondern geduldig auf meine Entschuldigung gewartet. Mein Vater saß am Schreibtisch in seinem Arbeitszimmer, meine Mutter daneben und las. Über Stunden wußte ich ganz genau, was ich zu tun hatte. Ich hatte den Satz schon zigmal formuliert, der mir die sichere Erlösung aus dem Interaktionsentzug bringen sollte. Dennoch wartete ich Stunden, bevor ich ihn aussprach.

Genau das passiert, wenn Sie ein inneres Bedürfnis und seine Lösung verspüren: Sie drücken es gleich wieder weg. Sie bekommen zwar die Gelegenheit, das Bedürfnis zu stillen, aber Sie machen es nicht. Sie haben plötzlich einen Kloß im Mund. Haben Sie einen Streit angezettelt und merken, er eskaliert weiter und weiter und weiter, dann fliegt schon mal der Gedanke vorbei: „Vielleicht sollte ich mich entschuldigen!" Oder der Gedanke: „Eigentlich haben wir beide recht. Wir können den Streit sofort beenden." Aber den Satz bekommen Sie nicht über die Lippen. Schneller, als Sie schauen können, wird er vom nächsten Gedanken überlagert: „Was? Der hat sich doch schon beim letzten Mal durchgesetzt. Jetzt zeig ich ihm, wer der Stärkere ist!"

Wir wissen, was wir tun sollten, um zu bekommen, was wir brauchen. Aber wir tun es äußerst ungern – weil es gegen unsere Gewohnheiten, Einstellungen oder Überzeugungen verstößt. Aus dem Unwillen heraus, das richtige zu tun, unterdrücken wir unser Bedürfnis wieder. Wir unterbrechen den Gedanken an die Idee, was zu tun ist, und schon verschwindet diese wieder in unbewußten Tiefen.

Erst wenn Sie es schaffen, länger bei dem neuen Gedanken zu bleiben, haben Sie die Chance, ihn in Worte zu kleiden und ihn gegen die inneren Ja-aber-Stimmen durchzusetzen. Erst dann können Sie sich bewußt entscheiden, diesen Gedanken auszuführen.

Die Sonne ist untergegangen. Die Dämmerung läßt einen Besucher nach dem anderen aus dem Park tröpfeln. Nur Claudia und der ältere Herr sitzen noch auf den Stühlen vor dem Kiosk. Das Hündchen hat sich niedergelassen, den Kopf auf die Pfoten gelegt. Nur die gespitzten Ohren verraten, daß er der Unterhaltung aufmerksam folgt.

„Verraten Sie mir doch erst einmal, was Ihr Wunsch ist. Wie sollen sich die anderen denn Ihnen gegenüber verhalten, damit es Ihnen gutgeht?" Der Mann spricht langsam und bedächtig. Er beobachtet Claudia ruhig und zugewandt. Er sieht, wie sie bei dieser Frage die Stirn runzelt.

Die Antwort scheint ihr schwerzufallen. „Sie sollen einfach nicht mehr unfair sein", sagt sie schließlich. „Aha. Was heißt ‚unfair' für Sie? Woran lesen Sie das ab?" fragt er nach.

„Na ja, die sollen aufhören, so zu tun, als würde ich keine gute Arbeit leisten. Sie sollen mir nicht ans Bein pinkeln, nur weil ich mich krummlege dafür, daß der Laden läuft.

Die sollen nicht immer nur ihren Kopf durchsetzen wollen. Ich mache mir schließlich viele Gedanken und weiß schon, warum ich es so oder so haben will. Ich will das Beste und zwar für alle. Die kapieren das nur nicht", sagt sie stockend.

„Wie würden Sie das beschreiben, was Sie genau möchten von den anderen? Sagen Sie nicht, was Sie nicht möchten, sondern formulieren Sie das, was Sie möchten", ermuntert er sie.

Claudia sieht ihn hilfesuchend an. Sie macht den Mund auf, findet aber keine Wörter und klappt den Mund wieder zu. Es tritt Stille ein. Der kleine Terrier hebt den Kopf und schaut sie fragend an.

∽

Warum wir uns so schwertun

Was will ich? Diese Frage klingt so einfach, so naheliegend, denn was sollte uns näherliegen als unser eigenes Wollen? Wir sollten in der Lage sein, diese Frage aus dem Stand heraus zu beantworten. Aber ich erzähle Ihnen kein Geheimnis, wenn ich Ihnen sage, daß es so einfach eben nicht ist. Der Weg in unser Inneres scheint blockiert durch mächtige Hindernisse. Aber welche Hindernisse sind das? Was steht uns beim Blick in uns selbst im Wege?

Ich beschreibe das gerne mit einer Blendung. Schauen Sie mit bloßem Auge in die Sonne und versuchen, Sonnenflecken zu erkennen, werden Sie keinen Erfolg haben. Sie werden von der Helligkeit der Sonne geblendet, so daß sie die Flecken nicht sehen. Obwohl sie da sind. Auf ähnliche Art werden Sie beim Blick auf Ihre inneren Wünsche geblendet. Nur da ist es nicht die Helligkeit, sondern eine Schwäche, die Sie blind macht.

Bitte nehmen Sie es mir nicht übel, wenn ich Sie einer Schwäche bezichtige. Sie müssen sich dafür nicht schämen oder rechtfertigen, denn die Schwäche ist zutiefst menschlich, und alle Ihre Mitmenschen haben sie auch. Es ist unser Widerstreben zu erkennen, daß die

Ursache für alles, was uns in unserem Leben widerfährt, in uns selbst liegt. Das Widerstreben rührt daher, daß uns diese Erkenntnis zunächst unangenehm ist. Aus diesem Grund lenken wir uns davon ab, indem wir uns permanent mit unserer Außenwelt beschäftigen. Weil wir uns dieser Erkenntnis verschließen, ahnen wir gar nicht, daß der Schlüssel für die Lösung unserer Probleme und die Erfüllung unserer Wünsche in uns selbst liegt. Wie sollen wir etwas in uns finden, von dessen Existenz wir keine Ahnung haben?

Wollen Sie das nachvollziehen, stellen Sie sich am besten vor, daß Sie Ihren Hausschlüssel suchen. Nehmen wir an, Sie haben ihn in Ihrer Wohnung irgendwo liegenlassen. Wissen Sie das nicht, werden Sie ihn aller Wahrscheinlichkeit nach nicht finden, selbst wenn Sie halbherzig in Ihrer Wohnung suchen. Goethe hat dieses Phänomen in dem oft zitierten Aphorismus ausgedrückt: „Man erblickt nur, was man schon weiß und versteht." So werden Sie in sich nur dann Ihre eigenen Bedürfnisse finden, wenn Sie wissen, daß sie in Ihnen zu finden sind.

Wie aber will ein Mensch jemals ein Bedürfnis stillen, von dessen Existenz er nur eine vage Ahnung hat? Deswegen wiederhole ich noch einmal die Grunderkenntnis, von der alles weitere abhängt:

Sie sind die Ursache für alles, was Ihnen widerfährt.

Nur aus dieser Erkenntnis heraus sind Sie in der Lage, den Blick auf sich zu richten und Ihre Bedürfnisse zu entdecken. Solange Sie dazu nicht in der Lage sind, werden Sie eine ständige Unzufriedenheit mit sich herumtragen, genährt aus ungestillten Bedürfnissen. Das ist so, wie wenn Sie krank im Bett liegen, Ihrem Arzt aber nicht sagen, wo es Ihnen weh tut und was Ihnen fehlt. Er kann die richtige Therapie erst finden, wenn er Ihre Symptome und Befunde analysiert hat und zu einer Diagnose gekommen ist. Wenn Sie in ähnlicher Weise wie Ihr Arzt Ihren Zustand analysieren und Ihre Bedürfnisse erkennen, haben Sie die Lösung Ihrer Probleme in der Hand: Ihre Bedürfnisse weisen Ihnen den Weg.

Gut erzogen?

Wo rührt aber diese Schwäche her? Ist sie uns angeboren oder in die Wiege gelegt? Eher letzteres, denn die wahren Hindernisse auf der Suche nach den eigenen Bedürfnissen sind unsere Erziehung mit den daraus erwachsenen Hürden wie Tabus, Sprachlosigkeit und mangelnde Selbstreflektion.

Was meine ich damit? Wieso rede ich von Sprachlosigkeit, wenn wir doch alle ständig miteinander und übereinander reden? Das Problem ist: Wir reden über alles – außer über unsere eigenen Bedürfnisse. So sind wir erzogen: In meiner Kindheit waren Sätze verpönt, die mit dem Wort „Ich" begannen. Wir wurden gelehrt, neutral und nicht ichbezogen zu formulieren. Warum? Weil zuviel „Ich" als ein Zeichen von Eitelkeit, Überheblichkeit und Eigensinn gewertet wurde.

Zwar wird diese Regel Kindern heute nicht mehr so explizit eingebleut wie mir damals, aber die Haltung, sich beim Sprechen bloß nicht persönlich zu stark zu exponieren, steckt immer noch in uns allen drin. Sie erkennen das daran, daß die meisten Menschen, wenn Sie sich über persönliche Vorgänge unterhalten, das „Ich" meiden und sich in ein „Man" flüchten: „Das wird man ja noch sagen dürfen" ist so ein typischer Satz, der nur verbergen soll, daß der Sprecher eigentlich meint: „Das will *ich* sagen dürfen!"

Die Verwendung dieses „Man" ist keine Äußerlichkeit. Das Wort steht für das Bestreben so vieler Menschen, nicht offen über sich, ihre Bedürfnisse und ihre Ziele zu reden. Sie befürchten, sie könnten sonst für das, was sie sagen, persönlich verantwortlich gemacht und zur Rechenschaft gezogen werden. Deswegen ist diese Sprechart auch bei Politikern so verbreitet. Achten Sie zum Beispiel einmal darauf, wie oft Politiker das „Man" und wie selten sie das „Ich" verwenden. Erst wenn wir über uns reden, wenn wir das Ich-Tabu durchbrechen, setzt in unserem Denken ein Rückbezug auf uns selbst ein: Solange ich über „man" rede, fühlt sich mein Unterbewußtsein gar nicht angesprochen. Diesen Rückbezug brauchen wir aber, um einen Selbsterkennungsprozeß einzuleiten: Das will nicht irgendjemand, sondern das bin ja ich, der das will!

Noch eine zweite Bremse hat unsere Erziehung in unsere Gedanken eingebaut: Wenn wir schon „Ich" sagen müssen, dann dürfen wir das ja nicht in positiver Weise tun – das wäre ein Zeichen von Überheblichkeit. Ich weiß nicht, wie Sie aufgewachsen sind, aber wenn jemand in meiner Jugendzeit gesagt hätte: „Alles, was ich anfasse, gelingt mir", wäre die Reaktion von Kollegen, Freunden, Bekannten und sogar der Familie gewesen: „Komm mal auf den Boden!" Das gilt auch heute noch, denn die gesellschaftlich akzeptierten Ansichten dazu lauten:

- „Man spielt sich nicht in den Vordergrund."
- „Schuster, bleib bei deinen Leisten."
- „Eigenlob stinkt."
- „Hochmut kommt vor dem Fall."

Die Haltung, sein Licht unter den Scheffel zu stellen, ist deutlich akzeptierter als die Haltung, das Licht zu benutzen, das uns – von wem auch immer – gegeben wurde.

Mit diesen Einstellungen und negativen Selbstbildern ist nicht nur meine Generation aufgewachsen, sondern auch Ihre. Wenn Sie nicht gegensteuern, werden auch Ihre Kinder und Enkelkinder in diesem Sud kochen und gar nicht anders können, als sich selbst kleinzureden. Eine Unwahrheit wird durch ständige Wiederholung zwar nicht zur Wahrheit, aber glaubhaft, und in diesem Mechanismus sind wir gefangen.

Nötig oder nicht nötig?

Sie erkennen diese negierende Haltung auch in weiteren sprachlichen Wendungen. Macht ein Mensch einem anderen Menschen ungefragt eine Freude, können Sie fast sicher sein, daß die erste Reaktion eine sprachliche Abwehr ist. Denken Sie an den Ehemann, der seiner Frau am Abend Blumen mitbringt. Die erste Frage – oder zumindest der erste Gedanke – der Frau ist dann oft: Wieso das denn? Hat er was ausgefressen? Oder stellen Sie sich vor, Sie schenken einem Freund etwas. Wetten, daß einer seiner ersten Gedanken – vor aller Freude – ist: Was schenke ich ihm wieder? Sagen wird er mit hoher Wahrscheinlichkeit: Das wäre doch nicht nötig gewesen! So schwer tun wir uns mit dem, was uns eine Freude machen soll und eigentlich genau die Bedürfnisse stillt, die tief in uns schlummern.

Diese Art von höflicher Selbstverleugnung kann große Frustration zur Folge haben. Ich denke an die Geschichte, die mir mein Großvater erzählt hat. Er war Unternehmer und hatte einem seiner Mitarbeiter eine Lohnerhöhung angeboten. Keine große Geschichte, in der Zeit ging es um einige Pfennige mehr an Stundenlohn. Das Angebot war Ausdruck seiner Anerkennung für die guten Leistungen dieses Mitarbeiters. Wie reagierte der? Er sagte: „Das wäre doch nicht nötig gewesen." Mein Großvater nahm ihn beim Wort und erwiderte: „Gut, dann lassen wir es!", und zog sein Angebot zurück.

Bestimmt hat der Mitarbeiter auf diesen Schreck hin sein Verhalten damals nachträglich bedauert und überdacht. Aber im ersten Moment hat der Mitarbeiter die Anerkennung, die ihm gezollt wurde, im Grunde abgelehnt – er konnte sie nicht annehmen. Er war so erzogen, daß er Lob für seine Person nicht unwidersprochen hinnehmen konnte.

Das klingt so, als seien wir durch unsere Erziehung völlig determiniert. Ich darf Sie aber beruhigen: Wir sind es nicht. Immer wieder erleben wir Zustände, in denen wir die Chance angeboten bekommen, uns zu erkennen und zu ändern. Wir könnten das auch, wenn wir diese Chancen als solche erkennen würden. Nichts anderes sind die frustrierenden Erfahrungen, die sich stets zu wiederholen scheinen. Wir identifizieren sie nur nicht als Gelegenheiten, unser Leben zum Positiven hin zu ändern. Wir sagen uns eher: „Wie ärgerlich oder gemein oder ungerecht! Warum passiert das ausgerechnet mir dauernd?"

Ertappen Sie sich dabei, wie Sie in einer solchen Situation fluchen, dann halten Sie inne. Überprüfen Sie, ob darin nicht eine Gelegenheit für Sie liegt, mit dieser scheinbar sich wiederholenden Erfahrung eine *neue* Erfahrung zu machen, und zwar eine positive.

Sitzen Sie da, und es geht Ihnen schlecht, dann warten Sie nicht darauf, daß Ihre Frau, Ihr Chef, Ihr Kollege oder Ihre Freundin von sich aus etwas tut, um Ihre Stimmung zu heben. Denken Sie vielmehr über folgende Frage nach: Was hätten Sie jetzt gerne? Wenn Sie das wissen, dann sagen Sie Ihrer Frau, Ihrem Chef, Ihrem Kollegen oder Ihrer Freundin: „Du, das hätte ich gerne. Kannst du mir dabei helfen? Oder können wir es gemeinsam erreichen?" Die Regel ist: Haben Menschen Schwierigkeiten, beweinen sie ihr Schicksal. Aber sie fragen sich nicht: Was muß ich tun, um rauszukommen? Ich halte das für eine entscheidende Frage. Eine Frage, die Sie nur sich selbst stellen sollten. Weil nur Sie sie beantworten können.

„Fällt es Ihnen schwer zu sagen, was Sie von den anderen möchten?" fragt der Herr sanft. Zusammengesunken sitzt Claudia auf dem Stuhl. Sie kratzt an einer der aufgesprungenen Lackblase auf dem runden Tischchen vor sich. Das Sandwich liegt immer noch in die Folie eingewickelt neben der Cola-Dose.

Schließlich nickt sie und sagt: „Ja, aber das ist ja auch schwer. Dabei weiß ich gar nicht, warum. Ich bin doch sonst nicht auf den Mund gefallen. Aber irgendwie komme ich da nicht ran. Können Sie mir nicht helfen?" „Nein, helfen kann ich Ihnen nicht", sagt er ruhig. „Alles, was ich kann, ist, Ihnen Fragen zu stellen, damit Sie lernen, wie Sie Ihre Antworten finden können." „Ja, aber wie mache ich das?" „Können Sie fließend schreiben?" Claudia schaut ihn erstaunt an und sagt fast entrüstet: „Natürlich kann ich schreiben."

Er lächelt und schüttelt den Kopf: "Was ich meine, ist nicht, ob Sie einzelne Buchstaben zu Papier bringen können. Davon gehe ich aus. Was ich meine ist, ob Sie so schreiben können, daß die Buchstaben eines Wortes sich zu einer Einheit verbinden. Daß Sie den Stift nicht absetzen, bevor das Wort zu Ende ist."

Sie überlegt und sagt: "Ja, ich glaube schon, daß ich das kann. Aber zu was soll das gut sein?" Der Mann lächelt und sagt: "Das ist es wieder, das ‚Ja, aber'. Sie haben das heute schon sehr oft gesagt." Sie sagt ärgerlich: "Ja, kann schon sein. Aber was ist daran verkehrt?"

"Nun, mit diesem ‚Ja, aber' bremsen Sie sich immer selbst aus. Lassen Sie mich raten: Wenn Ihnen jemand zu einer erfolgreich geführten Verhandlung gratuliert, dann antworten Sie mit so etwas wie: ‚Ja, aber das war ja gar nicht so schwierig.' Richtig?" Claudia stutzt, dann nickt sie und sagt: "Ja, aber das ist doch normal."

Er zieht die Augenbrauen hoch und schaut sie streng an: "Sie können es einfach nicht lassen, nicht wahr? Doch Sie sollten sich davon lösen. Ich weiß, das ist schwierig, weil Sie es gar nicht bemerken, wenn Sie es sagen. Sie denken nicht darüber nach. Das sollten Sie aber tun. Erinnern Sie sich noch an unser erstes Gespräch?" Claudia nickt wie ein Schulmädchen.

„Sie wissen sicher noch: Ich habe Sie gebeten, darauf zu schauen, was Sie tun, und zwar immer. Sonst werden Sie niemals erfahren, wie Sie denken und was Sie tun. Sie werden nicht ins bewußte Handeln kommen." Er macht eine Pause und läßt seine Wörter wirken.

Dann fährt er fort: „Kommen wir zurück zur Schrift. Ihr Denken bestimmt Ihr Handeln und Ihr Schreiben beeinflußt Ihr Handeln. Setzen Sie also beim Schreiben nach jedem Buchstaben ab, unterbrechen Sie jedesmal Ihre Gedanken. Wie sollen Sie da in einen zusammenhängenden Denkfluß kommen?"

Claudia schweigt. Es fällt ihr keine gute Antwort ein. Er erwartet auch keine und spricht weiter: „Bemühen Sie sich also, die Buchstaben zu verbinden. So, wie Sie es hoffentlich in der Grundschule noch gelernt haben."

Sie nickt. Ja, sie kann sich an die Schreibhefte mit den drei Linien erinnern und wie sich die Bögen der Buchstaben mal nach oben, mal nach unten um die Grundlinie schwangen.

„Ja, genau so machen Sie es wieder", sagt er, als hätte er ihre Gedanken gelesen. „Und was soll ich schreiben?" fragt sie.

„Schreiben Sie Ihre Schwierigkeiten auf. Ganz minutiös. Alles, was Ihnen erinnerlich ist. Geben Sie sich viel Mühe

damit, die treffenden Wörter zu finden: Wie fühlt sich die Situation für Sie an? Was tun Sie? Was tun die anderen? Schreiben Sie solange, bis Ihnen wirklich nichts mehr einfällt", führt er weiter aus. „Dann wird alles gut?" fragt sie hoffnungsvoll.

„Nein, so schnell geht es dann doch nicht. Aber Sie sind schon ein Stück weiter, denn jetzt können Sie die beschriebenen Situationen sortieren. Sie werden sehen, sie ähneln sich alle. Es begegnet Ihnen immer die gleiche Schwierigkeit, nur in anderem Gewand. Verstehen Sie?"

Claudia nickt und sagt: „Ja, aber ..." Kaum hat sie die beiden Wörter ausgesprochen, schlägt sie sich mit der Hand auf den Mund. Er lächelt und nickt. Sie setzt neu an und sagt: „Ja, ich verstehe. Ist das alles?"

„Nein, eines fehlt noch. Nehmen Sie sich nun eine typische Situation vor und überlegen Sie, was Sie tun könnten, damit sie einen anderen, einen für Sie angenehmen Verlauf nimmt. Wie würden Sie das beschreiben? Das, was Sie möchten, und das, was Sie dafür tun können? Finden Sie die passenden Wörter und schreiben Sie sie auf."

Er macht erneut eine Pause, beobachtet, wie das Gesagte auf Claudia wirkt, dann klopft er, wie um einen Schlußpunkt zu setzen, leicht mit der flachen Hand auf den Tisch, erhebt sich und sagt: "So, meine Liebe! Ich muß mich nun leider verabschieden. Mein Hund und ich müssen nach Hause."

Er beugt sich leicht zu ihr hinüber und sagt in verschwörerischem Ton: "Wissen Sie, er ist ein tapferes Kerlchen, aber er fürchtet sich im Dunkeln ein wenig."

Er lächelt verschmitzt, nickt erst dem Hund und dann ihr kurz zu und wendet sich zum Gehen. Der Terrier ist aufgesprungen. Er streckt erst die Hinterbeine, als wolle er sich in die Position für eine Liegestütze bringen, dann die Vorderbeine, als würde er eine Verbeugung in ihre Richtung machen. Er zwinkert ihr zu und springt dann seinem Herrchen hinterher.

Claudia schaut den beiden sinnend nach. Noch zwei- oder dreimal kann sie ihre Gestalten im Lichtkegel der vereinzelten Parklampen erkennen, bevor die Dunkelheit sie gänzlich schluckt.

~

Was wollen Sie?

Die Übung, die Claudia mit auf den Weg bekommen hat, gilt auch für Sie. Um Ihre Bedürfnisse zu erkennen, müssen Sie nichts anderes tun, als sich hinzusetzen und zu schreiben. Alles, was Ihnen zu der Frage einfällt: Was will ich wirklich?

Am besten schreiben Sie einfach drauflos: ohne Pausen zu machen, ohne an den Anfang zurückzukehren und das Geschriebene zu überarbeiten. Es geht zunächst nur darum, Ihren Kopf zu entleeren und alle, absolut alle Gedanken, die Sie umtreiben, zu Papier zu bringen.

Der ganze Vorgang kann lang dauern. Sie müssen ihn nicht an einem Tag oder Abend vollenden. Schreiben Sie solange, wie Sie noch Gedanken dazu haben.

Erst wenn Ihnen gar nichts mehr einfällt, setzen Sie ab und lesen das Geschriebene nochmals durch. Es wird Ihnen auffallen, daß nicht alle Gedanken richtig formuliert waren. Daß Sie manches streichen wollen. Daß Sie die Zusammenhänge zwischen den geschriebenen Gedanken stringenter gestalten wollen. Kurz: Sie überarbeiten das Ganze. Sie bringen Ordnung und Struktur hinein.

Diese zwei Schritte – das Schreiben, bis Ihnen nichts mehr einfällt, und das Überarbeiten, um sich für bestimmte Gedanken zu entscheiden – klingen so einfach, daß manche meiner Seminarteilnehmer sich fragen, was daran so besonders ist. Was soll diese Übung bringen.

Nun, die Methode ist deshalb so wirkungsvoll, weil sie zwei causalen Prinzipien folgt: dem Prinzip des Vorherdenkens und dem Prinzip des Vorformulierens. Diese beiden hängen eng zusammen.

Sie erinnern sich: Alles, was Sie tun, müssen Sie vorher gedacht haben. Nun tun Sie oft Dinge, die Sie nicht an Ihr Ziel bringen. Die Ihre Bedürfnisse nicht stillen. Warum? Weil Ihr Kopf unkontrolliert denkt. Er denkt, wie es in der Alltagssprache so schön heißt, kreuz und quer. Das ist kein Systemfehler, es ist schlicht unsere Art zu denken. Das ungeschulte menschliche Gehirn funktioniert rein assoziativ. Das heißt: in Ablenkungen. Es fällt ihm sehr schwer, bei einem Gedanken zu bleiben oder beim Denken auch noch darüber zu entscheiden, welche der vielen gedanklichen Angebote, die sich ergeben, er weiterverfolgen soll. Darum springt das Gehirn stets von einem Gedanken zum nächsten. Außer, Sie fokussieren es. Genau das ist das Ziel der Übung und der Inhalt des Prinzips des Vorherdenkens. Es lautet:

Sammeln – Betrachten – Auswählen

Die eigenen Gedanken zu fokussieren bedeutet, Dinge vorherzudenken. Der Vorgang des Vorherdenkens läuft so ab: Sie holen sich Bilder und Vorstellungen vor Ihr geistiges Auge, die alle zu der Frage passen: Was will ich wirklich? Zwar können Sie in etwa sagen, was das sein könnte – Sie wollen es aber genau wissen. Also schauen Sie, was Ihnen einfällt. Vielleicht Ruhe. Friede. Harmonie. Aufmerksamkeit. Anerkennung. Genuß. Gemeinschaft. Irgendwann biegt Ihr Gehirn ab und lenkt ab: „Was müßte ich tun, um Friede zu bekommen? Ah, nein. Friede kann es wohl nicht sein. Vielleicht Harmonie? Wie sähe das aus? Was bedeutet das konkret?" Dann fällt Ihnen eine Szene aus der Kindheit ein, ein Duft oder den Blick eines Freundes. Und so weiter und so fort.

Indem Sie all diese Gedanken aufschreiben, erziehen Sie sich zum Vorherdenken. Sie erlauben sich, um ein Thema assoziativ zu kreisen, und haben gleichzeitig im Denken ein Ziel vor Augen: sich für einen Gedanken zu entscheiden. Zu einem der Begriffe „Ja" zu sagen und zu allen anderen „Nein". Sie loten also beim ersten Schritt der Übung den möglichen Spannungsbereich aus und schauen jeden einzelnen Begriff an, und dann bewerten Sie ihn mit „Ja" oder „Nein". Sie entscheiden endlich aktiv über die Richtung Ihres Denkens, Sie treffen eine Wahl.

In dem Moment, in dem Sie eine Entscheidung getroffen haben, sagen wir für das Bild „Harmonie", beginnt der Vorgang des Vorformulierens. Das ist wichtig: Es geht hier nicht darum, den Begriff „Harmonie" umzuformulieren oder zu umschreiben. Es geht in diesem zweiten Schritt darum, die Gedanken zu formulieren, die Ihnen helfen zu handeln, damit Sie Harmonie erleben. Daß Sie also Ihr Bedürfnis stillen. Das Prinzip des Vorformulierens lautet deshalb:

Das gewählte Bild in Wörter übertragen.

In diesem Fall geht es darum, die Antwort auf folgende zwei Fragen zu formulieren:

- *Was kann ich tun, damit ich Harmonie in mir empfinde?* Stellen Sie sich den Zustand der Harmonie vor und beschreiben Sie Situationen, die Sie in diesen Zustand versetzen.

- *Wie muß ich meine Beziehung zu anderen Menschen gestalten, um in der Außenwelt Harmonie zu schaffen?* Stellen Sie sich selbst in harmonischer Beziehung zu den Menschen vor, mit denen Sie Harmonie am meisten vermissen. Aber auch zu Menschen, mit denen Sie Harmonie leicht erreichen können.

Beschreiben Sie, welche Situationen Ihnen einfallen? Wer ist alles dabei? Wie verhalten Sie sich? Wie verhalten sich die anderen? Was sagen Sie? Und so weiter.

Indem Sie diese Fragen beantworten, formulieren Sie, was Sie als nächstes tun können, um Ihr Bedürfnis zu stillen. Und was müssen Sie dazu tun? Nun, Sie haben Ihren eigenen Lösungsweg bereits beschrieben. Jetzt ist es an Ihnen, das Beschriebene auch zu tun.

Alles, was Sie tun, müssen Sie zuvor gedacht haben. Sie müssen zwar nicht alles tun, was Sie gedacht haben, aber ohne Denken entsteht kein Handeln. Denken Sie daran und handeln Sie.

Prinzip

~

Vorherdenken

Sammeln – Betrachten – Auswählen

Prinzip

~

Vorformulieren

Das gewählte Bild in Wörter übertragen

… Wie Sie den Schlüssel finden

Claudia sitzt an ihrem Schreibtisch. Sie hat einen Füller in der Hand, ein großes Notizbuch liegt aufgeschlagen vor ihr. Gerade hat sie noch geschrieben, in einer Schrift, die sie seit der Grundschule nicht mehr verwendet hat: Bögen verbinden die Buchstaben, so als wäre das Wort aus einem einzigen Faden gelegt. So als könnte sie das lose Ende packen, einmal kräftig ziehen und die gewundene Linie wäre wieder eine langes Schnürchen. Bereit, zum nächsten zusammenhängenden Wort gelegt zu werden.

Es ist heiß heute, und drückend noch dazu. Claudia hat das Fenster geöffnet, doch auch draußen steht die Luft. Sie spürt, wie die Beine ihrer dünnen Leinenhose an der Sitzfläche ihres Schreibtischstuhls kleben.

Ihre Hand mit dem Füller ist auf das Blatt gesunken. Ihr Blick geht Richtung Fenster: Im Sitzen kann sie gerade noch die Wipfel der Bäume im Park sehen. Doch sie nimmt sie gar nicht wahr. Vor ihrem inneren Auge spult sich die Abschiedszene von ihres letzten Treffens mit dem älteren Herrn ab. Fast vier Wochen ist das nun her.

‚Hat mir das Hündchen am Ende wirklich zugezwinkert? Erzähle ich das jemandem, erklärt der mich für verrückt. Aber kein Wunder: Das ist ja auch eine verrückte Geschichte‘, denkt sie.

Ich weiß noch nicht einmal, wie der Mann heißt. Ich habe einfach vergessen, ihn zu fragen." Sie lächelt bei dem Gedanken, daß sie ihn beim nächsten Mal um seine Visitenkarte bitten könnte. Ob er eine hat? Was da wohl draufsteht?

Da fällt ihr ein, daß er auch nicht nach ihrem Namen gefragt hat. Vielleicht findet er Namen nicht so wichtig. Vielleicht hat er selbst gar keinen. Sie schüttelt energisch den Kopf und denkt: ‚Auf was für komische Gedanken er mich bringt.'

Sie wendet sich wieder dem Notizbuch zu. Sie blättert durch die vielen Seiten, die sie schon gefüllt hat, und seufzt. So viele Situationen sind ihr eingefallen, in denen die anderen sich nicht so verhalten haben, wie sie sich das gewünscht hätte. Sie hat sie minutiös beschrieben: Was sie getan hat, was die anderen getan haben, wie die Situation geendet hat, wie sie sich dabei gefühlt hat.

Je mehr Situationen sie beschrieben hat, um so öfter hat sie bemerkt: „Oh, das kommt mir bekannt vor. Habe ich das nicht schon mal geschrieben?" Sie hat ein paar Seiten nach vorne geblättert und nachgelesen: Tatsächlich, die Ähnlichkeit ist verblüffend.

‚Ist irgendwie immer das gleiche', geht es ihr durch den Sinn. ‚Ich tue mein Bestes und wünsche mir nur, daß die anderen

das anerkennen. Nur tun die es einfach nicht.' Sie schiebt sich mit ihrem Stuhl vom Schreibtisch weg und steht auf. Es macht ein leises Geräusch, als sich der schweißgetränkte Stoff ihrer Hose von der Sitzoberfläche löst.

Claudia stellt sich ans Fenster. ‚Nur ein bißchen Anerkennung', denkt sie sehnsüchtig. ‚Das habe ich doch wahrhaftig verdient.' Ein plötzlicher Windstoß fährt ihr ins Haar, aber sie bemerkt ihn kaum.

Sie angelt sich das Buch vom Tisch und blättert im Stehen weiter. Sie hat auf der rechten Seite jeweils zu jeder Situation dazugeschrieben, wie sie sich hätte anders verhalten können, um der Situation einen anderen Lauf zu geben, und wie die anderen wohl darauf reagiert hätten.

Sie liest Seite um Seite, und ihre Stirn wird immer krauser. Sie denkt: ‚So würde das also aussehen: Ich wäre Claudia, die Nette. Claudia, die Liebe. Claudia, die Weiche. Claudia, die Nachgiebige.'

Sie blickt auf und murmelt: „Oh Gott, das soll ich sein? Das hört sich an wie Claudia, die Doofe. Die, die sich über den Tisch ziehen läßt. Die, die sich nicht wehrt. Die, die sich nicht durchsetzt." Sie zwingt sich weiterzulesen. Ihre Ohren färben sich rot. Bis sie schließlich das Buch mit einer heftigen

Bewegung auf den Tisch knallt. Die Vorstellung, daß sie sich so verhält, fühlt sich unerträglich an. Furchtbar, grauenhaft, gräßlich.

Sie stemmt die Arme in die Seiten, die Hände zu Fäusten geballt. Immer schneller schießen ihr die Gedanken durch den Kopf: „Das kann es ja wohl nicht sein. Warum soll ich klein beigeben, selbst wenn ich im Recht bin? Das ist doch totaler Blödsinn. Was habe ich mir da nur einreden lassen?"

Sie nimmt das Buch noch mal in die Hand, nur um es gleich wieder auf die Schreibtischplatte zu pfeffern: „Verdammt, so viele Stunden habe ich auf dieses Kinderschriftgekrakel verwendet. Nur um zu merken, daß mich das erst recht unglücklich macht. Was hat der Mann mir nur für einen Quatsch eingeredet?"

Sie richtet sich entschlossen auf und sagt laut: „Eigentlich ist der doch schuld an dem Schlamassel, den ich jetzt habe. Dem werde ich was erzählen. Bestimmt lungert er jetzt gerade wieder im Park herum und lädt irgendjemanden ein, sich zu ihm zu setzen. Damit er den nächsten Dummen von seinem Blödsinn überzeugen kann. Diesem Treiben werde ich ein Ende setzen!" Claudia donnert auf die Bürotür zu und stößt sie so heftig auf, daß diese an die Wand dahinter kracht. Die Assistentin erschrickt und läßt den Ordner fallen, den sie gerade in das Regal hinter sich stellen will. Mit großen Augen verfolgt sie, wie Claudia – den Blick stur geradeaus gerichtet und mit geballten Fäusten – zum Ausgang marschiert. Ihre Schritte sind so fest, daß trotz des dicken Teppichs dumpfe Geräusche zu hören sind. Die schwere Tür fällt ins Schloß, es ist wieder Ruhe.

Die Assistentin schaut Claudia perplex hinterher. Erst langsam löst sie sich aus ihrer Erstarrung, geht auf die Knie und sammelt seufzend die Papiere ein, die sich auf dem Boden verteilt haben. Der Klammermechanismus des Ordners hat den Sturz nicht überlebt. ‚Oh Mann, daß die immer so unter Strom stehen muß. Die sieht nichts außer sich selbst', denkt sie, ‚und rennt ohne Mantel raus, weil sie wahrscheinlich gar nicht mitgekriegt hat, daß da draußen gleich ein Gewitter losgehen wird.'

Warum wir handeln, wie wir handeln

Vieles, was Ihnen tagtäglich begegnet, löst in Ihnen Empfindungen aus – Situationen, Sinneseindrücke, Menschen, Gesichtsausdrücke, Tonlagen, Wörter und so weiter. Sand zwischen Ihren Zehen weckt in Ihnen schönste Urlaubsgefühle. Nasse Füße von der Pfütze, in die Sie nach dem

Sommergewitter aus Versehen getreten sind, stimmen Sie dagegen ärgerlich, weil Sie sofort an eine Erkältung denken.

Daß Ihnen diese Empfindungen kommen, nehmen Sie dabei als gegeben hin. Sie denken gar nicht weiter darüber nach. Sie denken: „So fühle ich halt", doch Sie irren sich. Ihre emotionale Reaktion auf solche Auslöser ist nicht der Spiegel Ihres Gefühls. Sie hat damit tatsächlich nichts zu tun, denn eine Emotion ist etwas anderes als ein Gefühl.

Wenn ich diesen Satz in meinen Seminaren sage, geht praktisch immer ein Raunen durch die Reihen der Teilnehmer. „Aber das ist doch ein und dasselbe!" höre ich sie tuscheln, und ich entgegne laut: „Nein, meine Damen und Herren, das ist es nicht. Es gibt da grundlegende und für Sie und Ihr Leben entscheidende Unterschiede."

Lassen Sie mich deshalb diese Unterschiede erklären.

Schon passiert

Führen Sie sich zunächst eine Situation vor Augen, in der Sie emotional reagiert haben. Ob die Reaktion positiv oder negativ war, ist in diesem Zusammenhang egal. Ich nehme als Beispiel den schon erwähnten Sand zwischen Ihren Zehen. Er löst in Ihnen die positive Emotion „Urlaubsentspannung" aus, obwohl Sie gerade nicht am Strand, sondern nur in der kleinen Sandmuschel Ihrer Tochter auf dem Balkon mit Sicht auf die Schnellstraße stehen.

Genau das ist typisch für das Wesen der Emotion: Sie steigt in bestimmten Situationen reflexartig in Ihnen auf und hat höchstens assoziativ mit der aktuellen Situation zu tun. Der große Nachteil ist, daß sie Ihnen auf diese Weise den Blick auf die konkreten Umstände vernebelt, in denen Sie sich gerade befinden. Emotionen entführen Sie aus Ihrer Gegenwart. Konkrete Gedanken oder eine weitergehende Auseinandersetzung mit den Umständen werden durch diese Emotion abgewürgt oder zumindest stark gefärbt. Sie nehmen also Ihre wahren Gefühle und Bedürfnisse überhaupt nicht mehr wahr. Diese werden vollständig überlagert von der Emotion, die Sie zu diesem Zeitpunkt als angemessen erleben und aus der heraus Sie entsprechend handeln.

Sie spüren also den Sand zwischen Ihren Zehen und werden von einer positiven Emotion überflutet. Das ist sicher schön, doch entspricht es wirklich der aktuellen Situation? Vielleicht haben Sie gerade mit Ihrem Töchterchen gespielt und fühlen sich tatsächlich gut. Vielleicht haben Sie es eigentlich auch satt, in einer Gegend zu wohnen, in der es keine Möglichkeit gibt, mit Ihrer Tochter auf einen schönen, großen Spielplatz zu gehen. Vielleicht haben Sie es satt, Ihre Tochter auf dem winzigen Balkon im Abgasdunst der vorbeifahrenden Autoschlangen bespaßen zu müssen. Vielleicht sollten Sie sich dringend nach einer anderen Wohnung umsehen.

Ihre Emotion lenkt Sie in diesem Fall von Ihrem eigentlichen Bedürfnis ab, Ihr Kind in einer intakten Umwelt aufziehen zu wollen. Sie stellt Sie ruhig in einem Moment, in dem Aktion dringend angeraten wäre. Sie zieht den Vorhang zu und versperrt Ihnen damit die Sicht.

Durch ein Nachdenken darüber, was die wahre Ursache für die Emotion ist, könnten Sie den Vorhang lüften. Sie kommen aber gar nicht dazu, weil die Emotion so „natürlich" erscheint, so selbstverständlich und so normal. Dabei ist eine Emotion eben alles andere als natürlich. Sie ist ein durch und durch erlernter Reflex.

Wenn Sie sich nun fragen, wer Ihnen diese Reflexe beigebracht hat, dann kann ich Ihnen nur sagen: Sie selbst waren es. Es ist so: Unser Leben besteht aus immer wiederkehrenden Situationen, die jeweils mit körperlichen Empfindungen verknüpft sind.

Zu Beginn unseres Lebens saugen wir wie ein Schwamm diese Verknüpfungen von bestimmten Situationen mit bestimmten körperlichen Empfindungen auf. Unser System ist um Vereinfachung bemüht: Dazu gehört das immer schnellere Einordnen von Erfahrungen. So sortiert das System ähnliche Erfahrungen immer zügiger in dieselbe Schublade ein und packt die körperliche Empfindung in Form einer Emotion gleich mit dazu.

Die Schubladen formen sich vor allem in der frühkindlichen Zeit. In dieser Phase schauen sich Kinder die entsprechenden Wertungen überwiegend von ihren Eltern ab. Weil sie in diesem Zeitraum naturgemäß einen idealisierten Blick auf ihre Eltern haben, speichern sie diese Werte als unbedingt wahr in ihrem System ab. Daß auch Eltern Fehler machen und die Kinder selbst irgendwann in der Lage sind, ihr Weltbild unabhängig von Mutter und Vater auszurichten – diese Erkenntnis gewinnen sie erst als Erwachsener.

Auch bei Ihnen war es so: Über die stetige Wiederholung der von Ihnen bewerteten Situationen hat sich Ihr Schubladensystem mit zunehmendem Alter gefestigt.

So kann heute Ihr Nachdenken zwar abgelöst von Ihren frühkindlichen Wertungen geschehen, Ihre Emotionen dagegen können sich nicht davon entkoppeln. Bei ähnlich anmutenden Situationen geht die Schublade auf und die Emotion springt heraus, noch bevor Sie die Lage wirklich erfaßt und bedacht haben.

Ein solches emotionales Reflexkonstrukt hat durchaus eine Funktion. Es dient als Schutzwall für den Erhalt des frühkindlich erworbenen und als richtig bewerteten Wissenssystems. Dieses System ist sehr darauf ausgerichtet, sich zu erhalten und jeder Veränderung zu widerstehen. Die Emotionen sind ihr schwerstes Geschütz dagegen.

Wissen Sie, in welchen Situationen Sie mit großer Sicherheit negative Emotionen erleben? Immer dann, wenn Situationen, die Sie automatisch in eine Schublade sortiert haben, anders ablaufen, als es sich für diese Schublade gehört, sind Sie irritiert, ärgerlich, ängstlich oder traurig – und wissen gar nicht, wo diese Emotion herkommt.

Der Kollege im Büro grüßt nicht so freundlich wie gewohnt? Das Kind ist unpünktlich? Der Partner tut nicht das, was er eigentlich sollte? Alles Situationen, die behindernde Emotionen hervorrufen. Die Schuld für diese Emotionen suchen Sie ganz selbstverständlich bei den anderen – obwohl die Ursache ausschließlich in Ihnen liegt.

Wie hartnäckig sich solche Schubladen halten, habe ich bei einer Frau erlebt, die mir in meiner frühen Jugend sehr nah war. Seit damals hatte sich vieles verändert, wir sind im Leben vollständig verschiedene Wege gegangen. Als ich sie vor einiger Zeit zum erstenmal wieder traf – hielt sie mir ihre Stirn zum Kuß hin. Ganz so, wie sie es vor 50 Jahren getan hatte. Sie war tiefbetrübt, daß ich ihre Erwartung nicht erfüllte. Die Situation war nicht mehr die gleiche, aber sie kam aus der alten Schublade.

Emotionen sind also extrem langlebig und machen das System mächtig dem gegenüber, was Sie eigentlich bei Ihrem Denken und Handeln leiten sollte: Ihre Gefühle und Bedürfnisse. Nur sie beziehen sich auf das Hier und Jetzt. Jede Emotion dagegen stammt aus Ihrer Vergangenheit und hat mit Ihrer Gegenwart nichts zu tun.

~

Claudia betritt entschlossen den Park. Sie hat das sichere Gefühl, daß er da sein wird. Sie hat keine Ahnung, was sie so sicher macht: Bis jetzt war er nie da, wenn sie ihn gesucht hat. Er ist immer nur dann aufgetaucht, wenn sie ihn nicht gesucht hat. Aber sie sucht ihn ja auch nicht, sie will ihn finden. Jetzt. Sie bahnt sich ihren Weg durch die Ströme von Menschen. Irgendwie scheinen ihr alle entgegenzukommen. ‚Um so besser', denkt Claudia, ‚dann kann ich ihn leichter sehen als im Gewimmel.'

Sie hastet die Wege entlang. ‚Merkwürdiges Licht auf einmal', huscht ihr durch den Kopf. Aber sie konzentriert sich darauf, Ausschau zu halten.

Da! Da vorne! Das könnte er sein. Trippelt da nicht das kleine, braunschwarze Hündchen neben ihm her? Doch, doch. Das muß er sein. Sie beschleunigt ihren Schritt noch. „Hallo!" ruft sie und winkt, obwohl die Gestalt ihr den Rücken zudreht.

„Hallo!" wiederholt sie eine Tonlage höher und noch lauter. In Gedanken ärgert sie sich wieder, daß sie seinen Namen nicht weiß. Sicher würde er sich eher angesprochen fühlen, wenn er seinen Namen hören würde. Aber die Gestalt dreht sich nicht um. Im Gegenteil, sie scheint sogar schneller zu werden. Das Trippeln des Hündchens geht in ein Hüpfen über.

‚Der haut ab vor mir', denkt Claudia. ‚Na warte, dich kriege ich.' Sie rennt los – die Silhouette des Mannes und des Hündchens fest im Blick. Wo wollen sie denn hin? Sie sieht, wie die beiden in einen kleinen Weg abbiegen, dorthin, wo die Bäume

dichter stehen. Sie ist ihnen schon ein ganzes Stück nähergekommen. Gleich ist sie an der Abzweigung, an der Mann und Hund abgebogen sind. Im Augenwinkel sieht sie einen Wegweiser. Der Schriftzug „Zur Quelle" ist mit Moos überzogen.

‚In diesem Teil vom Park war ich ja noch nie', schießt ihr durch den Kopf. ‚Egal, gleich habe ich ihn.' Sie hetzt weiter, den Blick immer noch auf den Rücken des Mannes geheftet.

Der Park ist hier wilder, die Bäume höher und älter. Auch ist es dunkel geworden. Der Weg ist nicht mehr eben, sondern holprig, weil zahlreiche Baumwurzeln die Pflastersteine nach oben drücken. ‚Ich muß aufpassen', denkt sie, und prompt gerät sie an einer besonders hohen Wölbung ins Straucheln.

Sie richtet sich wieder auf, ihr Blick sucht die Gestalt. Aber die ist weg. Verdammt, wo ist der Mann hin?

Inzwischen ist es so dunkel geworden, dass sie nur noch schemenhaft erkennen kann, daß zwischen den Bäumen eine Art runder, fester Pavillon zu stehen scheint. Da muß er hineingeschlüpft sein. ‚Schnell', denkt sie. ‚Nicht, daß dieses Ding einen Hinterausgang hat und er ganz entwischt.'

Nur noch wenige Meter, dann hat sie das Gebäude erreicht. Ein kräftiger Windstoß bläst sie fast zum Eingang. Eine Tür gibt es nicht, durch eine einfache Öffnung geht es ins Innere. In der Mitte sieht Claudia einen dunkel glänzenden, aufrechtstehenden Felsblock mit einem umlaufenden Becken aus Stein stehen. Über den Felsen rinnt Quellwasser, das in einem von schummrigem, blauem Licht beleuchteten Becken gesammelt wird. Ein leises Plätschern dringt an ihr Ohr, aber das Geräusch geht fast unter in dem Brausen, das plötzlich draußen anhebt.

Erschrocken blickt sich Claudia um. Der Wind fegt durch die Bäume, die Blätter rauschen, die ersten Zweige fliegen durch die Luft.

"Kommen Sie besser herein. Das Gewitter wird gleich losgehen", sagt eine ruhige, bekannte Stimme in das Brausen hinein.

Claudia fährt herum. Der ältere Herr steht auf einmal neben dem Becken und macht eine einladende Bewegung. In diesem Moment läßt ein Blitz sie zusammenzucken.

Er erhellt auch das Innere des Pavillons für einen kurzen Moment. Sie erkennt hinter dem Mann eine Bank, die an der hinteren Wand des Pavillons angebracht ist. Sie macht einen zögernden Schritt in den Raum hinein, dann es platzt aus ihr heraus: "Warum sind Sie vor mir weggelaufen?"

„Weggelaufen? Warum sollte ich weglaufen?" fragt er
lächelnd. Er deutet auf das Hündchen, das neben ihm steht.
„Er wird nicht gerne naß, wissen Sie. Also haben wir ein trockenes Plätzchen aufgesucht." Er beugt sich zu dem Tier hinunter und sagt beruhigend zu ihm: „Du brauchst keine Angst zu haben, auch wenn es gleich laut wird."

Der Herr richtet sich gelassen wieder auf und wendet sich Claudia zu: „Aus welchem Grund sind Sie hinter uns hergelaufen? Haben Sie auch einen Unterstand gesucht?"

„Äh, nein", stammelt Claudia. Warum war sie noch mal hinter ihm her gerannt? Ach ja, richtig, jetzt fällt es ihr wieder ein: Sie wollte ihm die Meinung sagen. Ihm Vorwürfe machen. Ihn anschreien, wie er es wagen kann, ihr so einen Quatsch zu erzählen, und so blöde Anweisungen zu geben. Sie merkt, wie ihre Wut wieder in ihr hochwallt.

Er schaut sie aufmerksam an, und noch bevor sie etwas sagen kann, fragt er: „Hat Sie etwas geärgert?" „Ja", sagt sie heftig. Jetzt will sie es wirklich loswerden. Sie schreit ihn an: „Sie waren es. Sie haben mich geärgert." Draußen folgt ein Donner wie ein Böllerschlag. Wieder zuckt Claudia zusammen.

Der Terrier wiffzt kurz auf. Es ist nicht zu erkennen, was ihn mehr erschreckt hat: Claudias Ausbruch oder der Donner.

Der Mann beugt sich noch mal zu ihm herunter, nimmt das Tierchen auf den Arm und sagt im Aufrichten zu ihm: „Ich hatte doch gesagt, daß es laut wird. Aber das geht vorbei."

Zu Claudia sagt er: „Kommen Sie nach hinten. Sicher wird es auch gleich regnen, und dann werden wir hier vorne naß." Er selbst macht die paar Schritte zur Bank, setzt sich und plaziert den Terrier auf seinem Schoß.

Sie zögert noch einen Moment, dann folgt sie ihm doch, setzt sich aber in einiger Entfernung von ihm hin. Er schaut sie an und sagt: „Sie sagen, ich habe Sie geärgert. Wie habe ich Sie denn geärgert?"

„Na, indem Sie mir erzählt haben, was Sie mir erzählt haben. Ich habe es auch noch geglaubt: Daß ich selbst schuld bin an meinen Schwierigkeiten. Daß ich aufschreiben soll, wie mich die anderen ärgern. Daß ich mir vorstellen soll, wie ich anders handeln kann, damit die mich nicht ärgern. Darüber mußte ich mich erst recht ärgern."

„Sie sind nicht schuld, Sie sind nur die Ursache", erwidert er lächelnd. Sie hebt die Augenbrauen und macht eine ungeduldige Handbewegung, die sagt: „Wo ist der Unterschied?" Der Mann beachtet die Geste nicht und fährt fort: „Wenn ich Sie richtig verstehe, ärgern Sie sich also über Ihre Vorstellung

davon, wie Sie sein könnten, wenn Sie anders handeln als bisher?"

"Und wie! Diese Vorstellung macht mich so was von sauer", sagt sie mit bebender Stimme. In ihren Ärger mischt sich jetzt ein bißchen Verzweiflung. ‚Kann es sein, daß ich gar nichts ändern kann an meinem Leben, weil ich gar nicht in der Lage bin, etwas zu ändern?' denkt sie.

In das Brausen des Windes draußen mischt sich das Geräusch der ersten Regentropfen, die auf dem Dach und vor dem Eingang niedergehen.

"Ist es die Vorstellung, etwas anders zu machen als sonst, die Ihren Ärger auslöst?" Sie nickt. "Es ist diese behindernde Emotion, die dazu führt, daß Sie sich ein anderes Handeln nicht einmal mehr vorstellen möchten. Richtig?" Sie nickt wieder. Sie spürt, wie der Ärger der Verzweiflung weicht. Jetzt ist sie sicher: Sie wird nichts ändern können. So viel hat sie erkannt: Solange sie Änderung nicht einmal denken kann, wird sich auch nichts ändern.

Sie spürt, wie ihre Augen zu brennen anfangen. Sie sucht erfolglos in ihrer Hosentasche nach einem Taschentuch. Der Regen prasselt immer stärker, der nächste Blitz gibt ein Schlaglicht in die Hütte, der Donner folgt jetzt direkt.

Der Herr faßt in seine Jackettasche, zieht ein Taschentuch heraus und beugt sich zu ihr, um es ihr zu reichen. Sie nimmt es, ohne nachzudenken, und tupft sich die Augen ab. Der Stoff fühlt sich seidig weich in ihrer Hand an.

Er fährt fort: „Haben Sie schon jemals darüber nachgedacht, wo dieser Ärger herkommt?" „Nein", erwidert sie mit zitternder Stimme.

„Nun, dann tun Sie das, und Sie werden sehen, daß es nichts anderes ist als Ihr Denksystem, das sich gegen alles Neue wehrt. Es will nicht, daß Sie über andere Möglichkeiten auch nur nachdenken. Sobald Sie sich dieser Emotion bewußt sind, werden Sie ihr in Ihrem Denken nicht mehr ausgeliefert sein."

Er sieht sie eindringlich an und setzt hinzu: „Nur Sie können für sich Neues denken und etwas ändern. Glauben Sie mir – Sie können das."

Auf hoher See

Der innere Widerstand gegen alle Änderungen ist also groß und hält lange an. Genau aus diesem Grund reicht es nicht aus, einmal die Entscheidung zu treffen, ab heute alles anders zu machen, die Richtung zu ändern und sich dann zufrieden zurückzulehnen. Es ist vielmehr eine dauerhafte Herausforderung, Änderungen nicht nur anzustoßen, sondern auch durchzuhalten.

Um sich ein Bild von dieser Herausforderung zu machen, stellen Sie sich Ihr Leben wie eine große Schiffsreise vor. In Ihrer Kindheit machen Ihre Eltern und Ihr Umfeld Ihr Schiff seetüchtig, vertäuen die Segel am Mast, bringen die Ladung an Bord, machen die Planken wasserdicht.

Dann werden Sie auf einem bestimmten Kurs auf das offene Meer hinausgeschickt. Zunächst werden Sie ganz unbedingt die Richtung einhalten, die Ihnen vorgegeben wurde. Sie werden sich an alle Vorschriften halten, die Sie im Hafen gelernt haben, und die Segel nach dem mitgegebenen Plan einholen oder hissen.

Aber irgendwann wird Ihnen auffallen, daß Sie Ihr Schiff auch in eine andere Richtung lenken können. Sie sind auf dem offenen Meer – kein Hindernis ist da, das Sie davon abhalten könnte. Sie werden bemerken, daß Sie bei weitem nicht alles von der Ladung benötigen, die Ihr Schiff schwer und langsam macht. Sie werden feststellen, daß Sie Ihre Segeln hissen oder einholen können, wie der Wind gerade bläst, unabhängig von starren Vorgaben.

Sie können frei steuern – wenn Sie bereit sind, das Steuerrad in die Hand zu nehmen und es auch dauerhaft in der Hand zu behalten. Sobald Sie das Rad loslassen, wird es zurückkehren zu dem einstmals im Hafen festgelegten Kurs. Dann segelt Ihr Lebensschiff wieder dahin, wo andere Sie hinhaben wollten, und nicht zu den Ufern, die Ihnen als Ziel wünschenswert erscheinen.

Die Bereitschaft, das Steuer zu übernehmen, ist also die allererste Voraussetzung dafür, daß Sie sich vom vorgegebenen Kurs entfernen. Daß Sie sich nicht mehr von den Emotionen, sondern von Ihren Gefühlen steuern lassen.

Sie entscheiden sich bewußt, bei sich selbst etwas zu ändern, sich in Ihrer Einstellung, Ihrem Denkprozeß und in Ihren Empfindungen auf unbekannte Pfade zu begeben, indem Sie in Ihrem Leben eine neue Richtung einschlagen. Das benötigt Mut, Kraft und Durchhaltevermögen, und zuerst eben vor allem anderen Bereitschaft.

Die Quelle der Bereitschaft

Die meisten Menschen, die ich kenne, haben schon mindestens einmal darüber nachgedacht, Dinge in ihrem

Leben anders zu machen. Spätestens zu Silvester fassen sie gute Vorsätze, was sie im kommenden Jahr besser machen wollen, und sind bereit, etwas zu ändern. Sie beschließen beispielsweise, liebevoller zu ihrem Partner, geduldiger in der Arbeit, offener im Umgang mit den Kollegen zu sein. Aber von den guten Vorsätzen bleibt oft nach wenigen Tagen oder Wochen nicht viel übrig. Ihre Bereitschaft ist nach kurzer Frist erlahmt.

Vielleicht ärgern sie sich über ihre „Rückfälle", vielleicht fallen sie ihnen nicht einmal auf. Aber irgendwie halten sie es für menschlich und unausweichlich, daß sie immer wieder in die alten Muster zurückfallen. Da haben sie sogar zum Teil recht: Es ist menschlich. Und zwar aus einem ganz einfachen Grund: Die Muster sind fest in ihrem menschlichen Bewußtsein verankert. Genau an dem Ort, von dem aus auch die Bereitschaft aktiv werden kann. Die Anlage zur Bereitschaft ist in jedem Menschen zu jedem Zeitpunkt vorhanden. Sie zu aktivieren, gelingt allerdings nur in Verbindung mit dem Bewußtsein.

Im Bewußtsein jedoch stehen Bereitschaft und alte Muster in einem Konflikt. Um zu verstehen, warum das so ist, lassen Sie uns betrachten, wie das Bewußtsein aufgebaut ist und wie es arbeitet: Bewußtsein ist eng an gesammeltes Wissen gebunden.

Mit Wissen meine ich nicht angelesene, gesehene oder gehörte Information. Zu Wissen wird Information erst in dem Moment, in dem sie erlebt wird. Ohne Erleben bleibt die Information abstrakt und dringt nicht in das eigentliche Denksystem vor.

Dazu ein Beispiel: Selbst wenn Sie Hunderte Bücher über den Zweiten Weltkrieg lesen, Filme auswerten, Material aus der Zeit sichten und Zeitzeugen befragen, werden Sie nie wissen, wie dieser Krieg tatsächlich war. Sie werden nie erfahren, wie er sich anfühlte, was er mit den Menschen machte, die von ihm in welcher Weise auch immer betroffen waren. Weil Sie ihn nie erlebt haben.

Wissen, das unser Bewußtsein formt, ist demnach immer gelebte Information. Oder kurz gesagt: Nur Selbstgelebtes wird zu bewußtem Wissen. Alles andere, was Sie in Büchern lesen und in Filmen sehen, bleibt abstrakt. Informationen, die Sie erleben, statt sie nur aufzunehmen, sind immer mit einer Wertung versehen. Wenn Sie als Kind aus Versehen mit der Hand auf eine heiße Herdplatte fassen, wird Ihre erlebte Information nicht nur sein, daß eine angeschaltete Herdplatte heiß ist. Sie werden solche Information auch immer um Wertungen wie „schmerzhaft" oder „gefährlich" ergänzen.

Wissen ist Bewußtsein

Aus diesen erlebten und bewerteten Informationen setzt sich das Bewußtsein zusammen. Sein System besteht aus vier Grundelementen:

- der Aufnahme (über die 5 Sinne empfangen, Hören etc.) von Informationen,
- der temporären Zwischenspeicherung und Verarbeitung von Informationen,
- der Wiedergabe (Kommunizieren, Interagieren, Aussenden) sowie
- der langfristigen Speicherung von Informationen und Wissen.

Der Platz, an dem die langfristigen Informationen in Form der damit verknüpften Emotionen lagern, sind die Körperzellen; dieser Speicherplatz ist begrenzt. Das führt dazu, daß alle Prozesse, die über die Aufnahme und Wiedergabe neu ablaufen und in langfristiges Wissen überführt werden sollen, die zuvor gespeicherten Informationen und Emotionen gefährden. Das System ist aber bestrebt, das Bestehende zu bewahren. Deshalb wehrt es sich, indem es über die Körperzellen eine Empfindung von Unwohlsein entstehen läßt, die den ganzen Körper erfaßt. Bewertet wird nicht, ob das Neue gut oder richtig ist. Einziges Kriterium: Es ist anders als das Gewohnte. Aus diesem Grund empfindet der Mensch Neues immer als unangenehm.

Selbst wenn die neue Verhaltensweise eindeutig gut und richtig ist, wird Ihr Körper Ihnen vermitteln: Nein, das fühlt sich schlecht an. Dafür braucht es als Gegengewicht die Bereitschaft. Die Bereitschaft ist die Kraft, die Ihnen sagt: Das Unwohlsein ist kein schlechtes, sondern ein gutes Zeichen.

Diese Kraft kann nur unter einer Bedingung in Ihrem Bewußtsein wirken: Sie muß genau dort einen Platz finden. Die Bereitschaft muß also in das Speichersystem Ihrer Körperzellen gelangen. Ihr Bewußtsein zu ändern, um so die Bereitschaft für eine Veränderung zu kreieren, gelingt Ihnen aber nur, wenn Sie in der Gegenwart neu gelebte und von Ihnen neu bewertete Informationen einschleusen. Diese ersetzen alte hinderliche Muster und geben den Weg für weitere Veränderung nach und nach frei.

Das ist ein langer Prozeß: Das System kann sich nicht vom einen auf den anderen Tag neu schreiben. Die über Jahrzehnte angesammelten erlebten Informationen inklusive der entsprechenden Bewertung bilden in den Körperzellen eine kompakte, physische Barriere, die nur schwer zu überwinden ist. Nur durch beharrliche Arbeit und die damit wachsende Bereitschaft, tragen Sie diese Barriere Stück für Stück ab.

~

Der Regen prasselt immer noch auf das Dach des Pavillons und platscht in die immer größer werdenden Pfützen vor dem Eingang. Die Blitze sind seltener, die Donnerschläge folgen immer später und leiser. Claudia knautscht das weiche Stofftaschentuch in ihren Händen. Der Herr streichelt das Hündchen auf seinem Schoß. Das bläuliche Licht aus dem Trinkbecken verbreitet einen schummrigen Schein. „Okay. Sie sagen, weil ich jetzt weiß, daß mein Ärger nichts mit der Sache zu tun hat, sondern nur eine Emotion ist, spüre ich ihn nicht mehr?" fragt sie stockend. „Spüren werden Sie ihn schon noch. Jedoch müssen Sie sich ihm nicht mehr unterwerfen", antwortet er, „und die neue Vorstellung erst einmal gut sein lassen."

„Ja, aber funktioniert das auch?" wendet sie ein. Er lächelt und sagt: „Ich höre, das ‚Ja, aber' hat Sie noch im Griff. Ich schlage vor, Sie probieren es einfach. Stellen Sie sich eine der kritischen Situationen vor und wie Sie darin anders als sonst handeln."

Claudia schließt die Augen. Sie geht in Gedanken eine Szene mit ihrem Kollegen durch: Er hat in der großen Runde einen Vorschlag gemacht, sie hat sich mit ihm angelegt, weil der Vorschlag in ihren Augen nicht gut war, und er hat danach wutschnaubend die Sitzung verlassen.

„Und jetzt machen Sie es anders", hört Claudia den Mann sagen, als habe er ihrem Kopfkino folgen können. Sie schlägt überrascht die Augen auf. Er sitzt immer noch auf seinem Platz und sieht sie nur aufmerksam und ruhig an. Sie atmet tief ein und fragt unsicher: „Und wie? Wie kann ich es richtig machen?" Er lächelt und antwortet: „Einfach anders als vorher." Sie nickt zögernd und schließt wieder die Augen.

Sie sitzt also wieder in der Runde, der Kollege macht seinen Vorschlag. Wie könnte sie es anders machen? ‚Vielleicht so?' denkt sie: Ich verzichte erst einmal auf den Streit, indem ich zuerst sage, was ich an seinem Vorschlag gutfinde. Ich stelle ein paar Fragen, ob ich die Punkte, die ich nicht gutfinde, richtig verstanden habe, und auch verstehe, warum der Kollege sie so gebracht hat.

Ich weiß dann, was sein Ziel ist, stelle meine Ideen für eine Lösung vor, die auf das gleiche Ziel hinführt. Der Kollege äußert sich tatsächlich lobend über meine Gedanken, greift sie auf, verändert seinen Vorschlag in meinem Sinne und alle finden die neue Lösung sehr gut. Die Stimmung ist gelöst, wir bleiben nach Abschluß der Sitzung noch kurz im Raum und plaudern über neue Idee, die aus der Diskussion entstanden sind.' Claudia lächelt und schlägt die Augen auf. Ihr Blick trifft den Blick des Mannes, der immer noch auf ihr ruht.

„Es funktioniert, nicht wahr?" sagt er. Sie nickt, aber ihr Lächeln verfliegt gleich wieder. Sie senkt ihren Blick und beobachtet, wie ihre Hände erneut anfangen, das Taschentuch zu knautschen. Sie sagt leise: „Theoretisch schon, aber ich glaube nicht, daß ich das in echt auch kann. Es wird nicht funktionieren."

Der Mann nickt und sagt: „Ja, in der Tat. So kann es nicht funktionieren."

Claudia hebt wie zur Bestätigung die Arme und sagt fast trotzig: „Sehen Sie, jetzt sagen Sie es auch: Es kann nicht funktionieren. Ich kann in Wahrheit nichts ändern."

„Achten Sie auf meine Worte", sagt er streng. „Ich sagte, so kann das nicht funktionieren. Noch fehlt Ihnen eine wichtige Voraussetzung. Es fehlt Ihnen an der Bereitschaft."

～

Niemals ohne

Der Entschluß, etwas anders zu tun als bisher, ist löblich. Diesen Entschluß auch in die Tat umzusetzen ist noch löblicher. Aber das allein reicht nicht, um mit dem anderen Handeln auch Erfolg zu haben. Der wird nur dann eintreten, wenn sowohl der Entschluß als auch das Handeln mit einem unterlegt sind: mit der Bereitschaft.

Ja, es gibt genug Fälle, in denen Menschen anders handeln wollen als sonst und das auch tun. Erinnern Sie sich an die eingangs erwähnten Silvestervorsätze? Tatsächlich gelingt es dem ein oder anderen für einige Stunden, Tage oder sogar Wochen, sein Tun zu ändern. Nur: Einen langfristigen Erfolg wird er damit nicht einheimsen, solange seine innere Bereitschaft fehlt.

Sie selbst tun also gut daran, Ihre eigene Bereitschaft zu prüfen, bevor Sie Energie in einen Entschluß, in eine Entscheidung und die nachfolgende Handlung stecken. Ohne Ihre Bereitschaft ist alles umsonst.

Bringen Sie allerdings die Bereitschaft auf, machen Sie sich selbst ein großes Geschenk: Sie ermöglichen sich selbst den Zugang zu Neuem, zu Förderlichem, zu Erfolg und Zufriedenheit.

Das ist doch mal ein erstrebenswertes Präsent, oder?

Ich will Ihnen noch etwas verraten: Allein dadurch, daß Sie sich diese Bereitschaft zum Geschenk machen, noch bevor Sie irgendetwas an Ihrem Tun geändert haben, beschenken Sie sich bereits reich. Sie beschäftigen sich nämlich auf einmal mit Dingen, mit denen Sie sich vorher nie befaßt haben. Sie öffnen sich für Ungehörtes, Ungesehenes, Unerlebtes. Sie nehmen die kleinen Dinge wahr und können sich an ihnen freuen. Das führt zu Entspannung und zu einer neuen Wahrnehmung. Das wird Ihr Leben per se reicher und erfüllter machen als je zuvor.

Auch wenn ich bisher nur von der Bereitschaft desjenigen gesprochen habe, der die Änderung bei sich herbeiführen möchte: Wollen Sie mit Ihrer geänderten Vorgehensweise auch Ihrem Gegenüber eine andere Reaktion erleichtern, dann geht es nicht nur darum, Ihre eigene Bereitschaft an den Start zu bekommen, sondern auch die des anderen.

Wie ich schon sagte: Das Potential zur Bereitschaft ist bei jedem Menschen jederzeit latent vorhanden, doch sehr oft schieben sich Emotionen davor, so daß deren Potential nicht zum Tragen kommt. Der Vorhang der Emotionen ist in manchen Situationen und Lebenslagen dicker als sonst. Die Chance, anders als gewohnt zu reagieren, ist für den anderen größer, wenn Sie darauf achten, daß sein Vorhang in diesem Moment nicht zu dicht ist.

Beachten Sie also, bevor Sie handeln, immer das Prinzip des Überprüfens der Bereitschaft. Es lautet:

Bin ich bereit, zu geben und zu nehmen, ist der andere ebenfalls dazu bereit?

~

„Vielleicht haben Sie recht. Vielleicht bin ich nicht bereit. Aber wo soll ich denn die Bereitschaft herzaubern?" fragt Claudia mutlos. Sie hat das Taschentuch auf ihrem Schoß ausgebreitet und legt es gerade ordentlich zusammen. Kannte auf Kante. Noch einmal umschlagen. Glattstreichen.

Das Prasseln des Regens hat deutlich nachgelassen. Langsam ist das Murmeln der Quelle in der Mitte des Pavillons wieder zu hören.

„Mit Zaubern hat das nichts zu tun", erwidert der Herr. Er streicht dem Hündchen, das immer noch auf seinem Schoß sitzt, über den Kopf und sagt zu ihm: „So, nun ist der Krach vorbei. Jetzt kannst du wieder runter."

Das Tierchen legt den Kopf schief, zieht die Augenbrauen ein wenig zusammen und scheint "Na gut" zu seufzen. Mit einem Hopser springt es vom Schoß auf den Boden und streckt sich erst einmal. Er schaut sein Herrchen erwartungsvoll an. "Nein", sagt der. "Wir sind noch nicht ganz so weit. Bitte gedulde dich noch ein wenig."

Ergeben legt sich der Terrier ab und bettet seinen Kopf auf seine Pfoten. Der Herr nickt lächelnd und wendet sich wieder Claudia zu. "Sie haben mir doch davon erzählt, wie Sie sich bei Ihrem Chef entschuldigt haben und er Ihnen Anerkennung gezollt hat. Erinnern Sie sich?" "Aber sicher." "Wie hat sich das angefühlt?"

Claudia überlegt kurz und sagt dann: "Sehr gut. Sobald ich mich entschlossen hatte, ihm zu sagen, daß ich einen Fehler gemacht habe, ging es leicht. Es ist einfach ganz anders gelaufen als sonst. Es war richtig schön." Sie strahlt und bekräftigt: "Richtig schön!"

"War das ein Gefühl, das Sie öfter spüren möchten?" "Unbedingt! Ganz unbedingt!" Claudia strafft sich. Auf einmal spürt sie eine Energie in sich. Das Hündchen auf dem Boden hebt den Kopf und sieht sie neugierig an. Sie streicht über das zusammengefaltete Taschentuch auf ihrem Schoß und spürt den seidigen, kühlen Stoff. Sie blickt auf und sieht, wie das

heller werdende Licht, das von außen in den Pavillon fällt,
sich im Quellwasser, das an der Säule herunterrinnt, bricht.
Sie riecht die Nach-Gewitter-Luft: rein, klar, lebendig.

„Halten Sie dieses Gefühl fest. So fühlt sich Bereitschaft an."
Wie das ewige Murmeln des Wasser dringen die Worte zu ihr.

~

Sind Sie bereit?

Sie sollten also stets zunächst überprüfen, ob Ihre Bereitschaft für Veränderung wirklich in Ihrem Bewußtsein angekommen ist. Das gilt insbesondere dann, wenn Sie merken, daß Sie zwar Anstrengungen in diese Richtung unternehmen, der rechte Erfolg aber noch ausbleibt. Das kann zwei Gründe haben:

- Sie haben die Bereitschaft, aber nicht die nötige Erkenntnis.

- Sie haben die Erkenntnis, aber nicht die Bereitschaft.

In beiden Fällen kann Ihr Vorhaben nicht gelingen. Nur wenn Sie wissen, woran es Ihnen noch mangelt, können Sie gezielt daran arbeiten.

Bereitschaft ohne Erkenntnis

Ja, das ist durchaus möglich: Die Bereitschaft kann auch durch ein anderes Element im Inneren genährt werden als die bewußte Erkenntnis, nämlich einer inneren Stimme. Die ist ziemlich leise und deshalb überhören die Menschen sie so oft. Vorhanden aber ist sie tatsächlich bei jedem. Es ist das, was früher als „Gewissen" bezeichnet wurde. Der Begriff ist ein wenig aus der Mode gekommen, aber das heißt nicht, daß er nicht mehr aktuell ist. Vielleicht ist er sogar aktueller denn je. Er sollte es jedenfalls sein.

Das Gewissen ist eine individuelle innere Institution, die sehr eng mit den wahren Gefühlen verknüpft ist. Wer in bewußtem Kontakt mit seinem Gewissen steht, der ist auch in Kontakt mit seinen Bedürfnissen.

Den meisten Menschen ist dieser Kontakt aber nicht bewußt. Sie nehmen die Stimme des Gewissens nur unbewußt und als leises Murmeln wahr. Oft deuten sie das Murmeln auch einfach als allgemeine Unzufriedenheit und ignorieren es.

Erst wenn das Murmeln drängender und lauter wird und nicht mehr zu überhören ist, wächst ihre Bereitschaft, tatsächlich Dinge zu ändern. Die Krux dabei ist, daß sie die

Lösung im Außen suchen. Es fehlt ihnen die Erkenntnis, daß sie selbst die Ursache sind. Sie suchen also die Änderung, aber sie suchen sie im Außen: Sie wechseln den Partner, den Job, den Wohnort. Für kurze Zeit haben sie den Eindruck, die Ursache für die Unzufriedenheit beseitigt zu haben. Aber die Unzufriedenheit kommt wieder. Sie kommt immer wieder. Der einzige Weg, die Fülle an Bereitschaft für eine echte Änderung zu nutzen, besteht darin, für sich die Erkenntnis anzunehmen, daß die Ursache nie im Außen liegt. Sobald diese Hürde überwunden ist, wird auch die Stimme des Gewissens deutlicher. Sie weist hin zu einem förderlichen Weg.

Erkenntnis ohne Bereitschaft

Die Erkenntnis allein, daß die Ursache immer im Innen zu suchen ist, führt allerdings noch nicht automatisch zu ausreichender Bereitwilligkeit. Es kann sein, daß eine starke unangenehme Empfindung Sie davon abhält, Ihre als richtig erkannten Änderungspläne in die Tat umzusetzen. Vielleicht hält Sie diese Empfindung sogar davon ab, sich überhaupt darüber Gedanken zu machen. Wenn Sie dieses Kapitel aufmerksam gelesen haben, dann kommt Ihnen diese widerstrebende Empfindung bekannt vor. Sie ist der Schutzwall Ihres Denksystems, der die behindernden Emotionen aktiviert, um Sie von Änderungen fernzuhalten. Um wieviel angenehmer ist die Empfindung der Bestätigung, die Ihr System Ihnen gewährt, wenn Sie weiter Ihren ausgetrampelten Pfaden folgen.

Die gute Nachricht ist: Sobald Sie die unangenehme Empfindung als Zeichen deuten können, daß Sie auf einem guten Weg sind, nämlich dem der Änderung, verliert es die Macht über Sie. Sie hören dann auf einmal die Stimme Ihres Gewissens wesentlich besser. Das wiederum stärkt Ihre Bereitschaft, auch die schwierigen Empfindungen auszuhalten, und das wiederholt und über einen längeren Zeitraum. Jetzt können Sie sich auf den Weg machen und Ihren Blick im nächsten Schritt nach außen richten.

Noch ein kleiner, praktischer Tipp: Achten Sie auf Ihre eigenen Reaktionen. Nehmen Sie wahr, was in Ihnen ist: Haben Sie sich etwas vorgenommen, was Sie so nicht machen wollen? Sind Sie von etwas oder jemandem genervt? Nehmen Sie diese Emotionen wahr. Das ist Ihre Chance, sie zu überwinden und sich der Änderung zu öffnen.

~

"Jetzt wird es funktionieren?" fragt Claudia, halb hoffnungsvoll, halb zweifelnd.

Die beiden stehen am Eingang des Pavillons und schauen auf den Weg, auf dem etliche Pfützen stehen. Immer wieder platschen einzelne Tropfen, die nach und nach von den Blättern der umstehenden Bäume rollen, in die kleinen Seen, lassen Kreise entstehen, die sich ausbreiten. Es ist wieder hell geworden.

"Probieren Sie es aus", sagt der Herr freundlich. "Am besten gleich jetzt." "Jetzt? Ja ..." Gerade noch rechtzeitig bemerkt Claudia, daß ihr schon wieder ein Aber entschlüpfen will. Schnell bricht sie den Satz ab und fragt stattdessen: "Wie soll das gehen?"

Er lächelt, weil er ihren ursprünglichen Satz sehr wohl gehört hat, doch er macht keine Bemerkung dazu. Stattdessen sagt er: "Gehen Sie eine Runde durch den Park, und lächeln Sie jeden an, der Ihnen begegnet. Denken Sie an das gute Gefühl dabei."

"Okay", sagt Claudia unsicher. "Einfach so anlächeln, sagen Sie?" Er nickt. Er überlegt einen Moment und fragt dann: "Möchten Sie für den Anfang Unterstützung haben?" "Ja", sagt sie erleichtert. "Kommen Sie mit?"

"Nein, nein. Ich bleibe hier und warte auf Sie, damit Sie mir erzählen, wie es Ihnen ergangen ist. Aber mein Hündchen wird Sie begleiten, wenn Sie möchten", sagt er und hält ihr die orangefarbene Leine hin.

"Äh", sagt sie, "ich habe aber keine Erfahrung mit Hunden." "Das macht nichts", erwidert er. "Er hat Erfahrung mit Menschen. Solange Sie bereit sind, wird er mit Ihnen gehen."

Der Terrier schaut Claudia aufmunternd an. Sie ergreift zögernd die Leine und hält sie wie ein zerbrechliches Ding vorsichtig in der Hand. Sie räuspert sich und sagt: "Gut." Sie schaut auf das Tierchen hinunter und sagt: "Wollen wir?" Es nickt und die beiden gehen los.

Bist du bereit?

In meinen Seminaren höre ich von Teilnehmern oft: "Ich würde ja mein Verhalten dauerhaft ändern, aber die anderen spielen nicht mit. Zumindest nicht immer." Ich antworte dann: "Spielen Sie immer mit? Auch wenn Sie gar nicht bereit dazu sind und vielleicht erst noch zum Spiel eingeladen werden wollen?" Dann zucken sie die Achseln. Sicher sollten Sie Ihr Handeln nicht von der Reaktion Ihres Umfelds abhängig machen. Entscheiden Sie sich bewußt für ein bestimmtes Tun und bedenken Sie die Konsequenzen. Lassen Sie sich nicht davon abhalten, weil Sie vielleicht eine unfreundliche Antwort erwarten.

Sie machen sich und Ihrem Gegenüber das Leben leichter, wenn Sie seine Bereitschaft prüfen, Ihre Botschaft anzunehmen. Gerade in der Anfangsphase Ihrer Änderung, in der die Konstruktion Ihres Systems sich erst langsam ändert und das neu Gewonnene noch nicht gefestigt ist, können Sie mit positivem Feedback Ihres Gegenübers Ihre neue Einstellung leichter und schneller formen.

Sehen Sie dabei die positive Bestätigung von außen nicht als Ihr Ziel. Das wäre gefährlich, denn damit würden Sie wieder in Ihre reaktiven emotionalen Muster zurückfallen. Nehmen Sie es stattdessen als einen willkommenen, aber nicht zwingend notwendigen Extraschub Motivation, Ihren Weg konsequent weiterzugehen.

Die Bereitschaft Ihres Gegenübers zu überprüfen und gegebenenfalls zu fördern ist deshalb für Ihre eigene Bereitschaft ein hilfreicher Schritt.

Die Prüfung

Ihr Gegenüber vermittelt Ihnen Botschaften, die sowohl seine äußere als auch seine innere Bereitschaft betreffen.

Die äußere Bereitschaft zeigt sich zum Beispiel darin, daß er – wenn Sie anrufen – das Gespräch annimmt. Diese Art der Bereitschaft ist relativ leicht zu erkennen. Sie geht aber leider nicht automatisch mit der inneren Bereitschaft einher. Legen Sie also auch ein Augenmerk auf deren Überprüfung.

In einem Telefonat sind Sie auf die Zwischentöne angewiesen, bei einer persönlichen Begegnung dagegen steht Ihnen ein reichhaltigeres Repertoire zur Verfügung. Achten Sie vor allem auf den Augenkontakt. Sehen Sie Ihrem Gegenüber direkt ins Gesicht und nehmen Sie seinen Blick wahr:

- Wandert sein Blick immer wieder auf einen bestimmten anderen Punkt? Finden Sie heraus, was ihn da so fesselt. Sprechen Sie ihn auf die ablenkende Komponente an, kommen Sie mit ihm ins Gespräch.

- Weicht er Ihrem Blick aus? Konfrontieren Sie ihn mit Ihrer Beobachtung – freundlich, aber bestimmt.

- Sieht er Sie zwar an, aber Sie haben das Gefühl, er schaut durch Sie hindurch? Auch hier: Schildern Sie ihm Ihren Eindruck und fragen Sie nach.

Doch sehen Sie nicht nur hin, sondern fühlen Sie auch. Jeder Mensch sendet und empfängt Schwingungen. Achten Sie auf Ihre Empfindungen und Sie werden auch die des anderen leichter erspüren. Ist die Bereitschaft Ihres Gesprächspartners vorhanden: dann los. Wenn Sie noch Zweifel haben, helfen Sie ihm, bereitwilliger zu sein.

Das Fördern

Bei diesem Schritt begeben Sie sich aus der Opferrolle heraus und werden zum Täter – in positiver Hinsicht natürlich. Sie sind es, der zur Tat schreitet und sich öffnet. Sie machen Ihrem Gegenüber auf diese Weise ein Angebot.

Versetzen Sie sich kurz in die Position Ihres Gegenübers: Er kennt Sie bisher vielleicht nur mit Ihrer alten Verhaltensweise. Nun begegnen Sie ihm ganz anders. Das läßt ihn zögern, er ist unsicher, und doch möchte er mit Ihnen interagieren. Helfen Sie ihm dabei. Fördern Sie seine Bereitschaft, indem Sie Ihre Tür sichtbar weit aufmachen.

Hier einige Beispiele, wie Sie das tun können:

- Nehmen Sie dem anderen gegenüber eine liebevolle Grundhaltung ein. Schauen Sie ihn an und denken Sie: „Du bist der beste Mensch." Bitte nur denken. Allein dadurch, daß Sie es denken, wird die Botschaft bei ihm ankommen.

- Scheuen Sie sich nicht, eigene Fehler anzusprechen und Schwächen zu zeigen. Den perfekten Menschen gibt es nicht. Spielen Sie den Unfehlbaren, zeigen Sie nur eine Fassade, und das spürt Ihr Gegenüber. Einen Eingang findet er dann nicht.

- Hören Sie hin. Lassen Sie den anderen ausreden, und schauen Sie ihn freundlich und zustimmend an. Achten Sie auch hier darauf, das Hinhören nicht nur zu mimen, sondern es wirklich zu tun. Interessieren Sie sich aufrichtig für das Thema und für den Menschen dahinter. So fühlt sich der andere wahrgenommen und wird bereitsein, auch Sie wahrzunehmen.

Finden Sie in dieser Situation keine Bereitschaft beim anderen und Sie können sie auch nicht wecken, dann suchen Sie nach Alternativen: Vielleicht läßt sich das Gespräch auf einen günstigeren Zeitpunkt verschieben? Vielleicht braucht es noch eine Zeit der Überzeugung? Lassen Sie sich nicht entmutigen. Es geht um Ihre und seine Bedürfnisse, dafür lohnt es sich, freundlich-hartnäckig dranzubleiben.

~

Der Himmel ist wieder tiefblau, als hätte heute nie eine Wolke seinen Anblick verdüstert. Zwei fröhlich hüpfende Gestalten nähern sich auf dem holprigen Weg dem Pavillon: eine große und eine kleine. Lächelnd sieht ihnen der Herr entgegen, an den Eingang des Pavillons gelehnt. Als die beiden bei ihm angekommen sind, fragt er: „Und? Wie war es für Sie?"

Claudia strahlt und sagt: „Erst war es schon ein bißchen komisch, und bei den ersten zwei oder drei Versuchen habe ich mich ein bißchen an der Leine festgehalten." Sie wendet sich an den Terrier: „Vielen Dank übrigens, daß du mir zur Seite gestanden hast." Der quittiert den Dank mit einem freundlichen Schwänzchenwackeln.

Sie lacht, wendet sich wieder dem Herrn zu und fährt fort: „Aber dann war es einfach. Es kam einfach aus mir heraus, das Lächeln." Er nickt zufrieden und sagt: „Sehr schön. Und die anderen? Wie haben die Menschen auf Ihr Lächeln reagiert?"

Sie öffnet die Arme und sagt in glücklichem Ton: "Das war das tollste überhaupt: Fast alle haben zurückgelächelt, und zwar nicht nur so schief und verkniffen, wie man lächelt, wenn man höflich oder unsicher ist. Sondern richtig echt." Die lächelnden Gesichter in ihrer Erinnerung machen ihr eigenes Lächeln noch schöner.

"Einige – sagen Sie – haben nicht zurückgelächelt?", fragt er nach. "Ja, leider. Bei denen hat es nicht funktioniert", sagt sie enttäuscht. "Dabei war ich wirklich bereit, jedem gleichermaßen freundlich zu begegnen."

"Nun, da haben Sie bei diesen Menschen etwas erfahren, was für Sie sehr wichtig ist: Auch Ihr Gegenüber braucht eine Bereitschaft. Die Bereitschaft, sich auf Sie einzulassen. Wenn Sie nicht vorab überprüfen, ob und auf welche Weise er bereit ist, dann wird die Änderung auf Ihrer Seite wenig fruchten", erklärt er.

Er wendet sich seinem Hündchen zu und fragt: "So, bist du nun bereit, mit mir nach Hause zu gehen?" Der signalisiert seine Zustimmung mit heftigem Schwänzchenwedeln. Der Mann wendet sich zu Claudia: "Darf ich um die Leine bitten?"

Sie lacht überrascht. Sie war sich gar nicht mehr bewußt, daß sie sie noch hält, so selbstverständlich fühlt sie sich in ihren

Händen an. Mit einer fast bedauernden Bewegung reicht sie sie zurück.

Er nimmt die Leine entgegen und sagt: „Ich wünsche Ihnen alles Gute, und daß Sie sich nicht mehr ärgern müssen. Weder über mich, noch über sich noch über die anderen." Er neigt kurz den Kopf zum Abschied und entfernt sich in Richtung des offenen Parkbereichs, das Hündchen an seiner Seite. ‚Wie alt er wohl sein mag?' fragt sich Claudia.

‚Dem federnden Schritt nach kann er nicht so alt und weise sein, wie seine Worte oft klingen. Der Mann ist mir ein Rätsel.' Ihr fällt ein, daß sie schon wieder nicht nach seinem Namen gefragt hat.

~

Mit der Bereitschaft haben Sie den Schlüssel gefunden. Heben Sie ihn auf, indem Sie Ihre Erkenntnisse aus Ihren ersten neuen Schritten in konkrete Änderungen Ihrer Einstellung und Ihres Handelns umsetzen. Wie? Das zeige ich Ihnen im folgenden Kapitel.

Prinzip

~

Überprüfen der Bereitschaft

*Bin ich bereit,
zu geben und zu nehmen,
ist der andere ebenfalls
dazu bereit?*

Wie das, was Sie brauchen, zu Ihnen kommt

„Gut", murmelt Claudia. „Ich bin bereit." *Sie steht vor der Tür der Kanzlei. Sie hat die Klinke schon in der Hand, aber sie gibt sich noch einen Moment. Sie möchte es ja gut machen. Sie holt noch einmal tief Luft und drückt die Klinke herunter.*

„Guten Morgen, Frau Helferich", sagt sie so freundlich wie möglich. „Wie geht es Ihnen? Was für schöne Blumen Sie wieder besorgt haben."

Die Assistentin braucht einen Augenblick, um den Mund wieder zuzukriegen, bevor sie antworten kann. „Äh, guten Morgen. Danke, mir geht es gut", *stammelt sie.* „Und Ihnen?"

„Mir geht es bestens. Das wird sicher ein schöner Tag heute. Zumindest sind keine Gewitter mehr angesagt, nicht wahr?" *plaudert Claudia fröhlich weiter, während sie ihr Jäckchen auf den Bügel an der Garderobe hängt.*

„Sind Sie nicht naß geworden gestern?" *fragt Frau Helferich, schon etwas entspannter. Claudia spürt einen Impuls zu antworten:* ‚Was geht Sie das an? Beobachten Sie mich etwa?' *Sie schüttelt ganz leicht den Kopf, um den Reflex innerlich zurückzuweisen. Die Assistentin interpretiert die Kopfbewegung als Antwort auf die Frage und sagt:* „Dann ist ja gut, denn es hat ganz schön geduscht, nachdem Sie raus sind." *Claudia hat sich wieder im Griff und erwidert:* „Stimmt.

Aber ich habe einen höchst hilfreichen, trockenen Platz gefunden." Sie lächelt und bekräftigt: „Höchst hilfreich."

Sie schaut auf ihre Uhr und sagt: „Oh, gleich 9.00 Uhr. Habe ich nicht einen Telefontermin mit der gegnerischen Partei im Müller-Prozeß?" Frau Helferich nickt: „Ich habe Ihnen die Akten schon auf den Schreibtisch gelegt. Sie werden die sicher überzeugen können – so wie immer halt."

„Sehr gut", lobt Claudia und setzt noch hinzu: „Vielen Dank." Sie geht in ihr Büro und schließt die Tür hinter sich. Sie lehnt sich kurz mit dem Rücken an die Wand und schaut lächelnd zur Decke.

Sie denkt: ‚Es hat geklappt. Ich bin freundlich und gebe Anerkennung, dann ist auch sie freundlich und gibt Anerkennung. Ob das mit dem Chef auch so problemlos funktioniert?'

Draußen starrt die Assistentin auf Claudias Bürotür und überlegt: ‚Der zweite Nettigkeitsanfall innerhalb eines Vierteljahres? Mal sehen, wie lange es diesmal anhält. Ob sie was von mir braucht? Irgendsoetwas muß doch dahinterstecken … .'

Drei Stunden später starrt der Kanzleiinhaber mit ähnlichen Gedanken auf seine Bürotür, die Claudia gerade hinter sich geschlossen hat. ‚Sie war gar nicht so kratzbürstig wie sonst.

Was hat sie nur? Wie sie gestrahlt hat, als ich ihr gesagt habe, daß sie oft wirklich gute Gedanken einbringt.'

Am Nachmittag stehen die beiden Anwaltskollegen von Claudia zusammen an der Espresso-Maschine. Der eine raunt gerade dem anderen zu: „Was ist mit unserem Kampfhuhn los? Die ist ja gar nicht auf Krawall getrimmt wie sonst. Die kann ja sogar richtig nett sein. Wir haben zusammen eine super Lösung gefunden."

Claudia, die gerade um die Ecke in die Kaffeeküche einbiegen will, hört die letzten Worte und bleibt unvermittelt stehen. Der Teppich in der Kanzlei ist so dick, daß die beiden sie nicht haben kommen hören. Sie verharrt dort, wo sie gerade steht, und wagt kaum zu atmen.

„Nicht zu glauben, gell?" stimmt der andere ihm zu. „Vielleicht ist sie doch nicht so übel." Claudia lächelt still in sich hinein und tritt leise den Rückzug an. Kaum hat sie die Tür ihres Büros hinter sich geschlossen, sagt sie laut: „Ja!" und macht eine triumphierende Handbewegung.

Stolz schaut sie sich in dem Raum um. Ihr Blick fällt auf das Telefon. ‚Ah', denkt sie, ‚einen Test will ich noch machen.' Sie öffnet noch mal schnell die Tür, dreht das Schild draußen auf „Bitte nicht stören". Dann schließt sie die Tür wieder und geht zu ihrem Schreibtisch. Sie läßt sich in ihren Bürostuhl plumpsen und nimmt den Hörer in die Hand. Die Nummer von ihrer Schwester muß sie nachschauen, so selten haben sie miteinander gesprochen in den letzten Jahren. Seit dem Streit auf dem Geburtstagsfest von Tante Frieda vor drei Monaten ist totale Funkstille.

‚Weil Melanie aber auch immer so halsstarrig ist‘, denkt Claudia. ‚Aber vielleicht funktioniert das mit der Freundlichkeit bei ihr auch. Hoffentlich geht sie dran.‘ Sie tippt die Nummer, hält den Hörer ans Ohr und wartet. Da meldet sich eine Stimme: „Ja, hallo?"

„Hallo, Melanie, ich bin es", sagt Claudia betont zugewandt. „Ich wollte dir sagen, daß ich deine neue Website richtig toll gelungen finde." Stille am anderen Ende. „Melanie?" Ihre Schwester räuspert sich und sagt in hartem Ton: „Bist du krank?"

„Äh, nein. Wieso?" Claudia bemüht sich weiter um eine freundliche Haltung. Sie merkt, daß sich in ihr etwas drohend aufbäumt.

„Brauchst du was von mir?" Der gleiche harte Ton. „Nein. Wie kommst du darauf?" Claudias Stimme klingt schon ein Stück spröder.

"Weil du mich noch nie einfach so gelobt hast, selbst als wir noch klein waren. Jetzt, nachdem du mich erst letztens vor der ganzen Verwandtschaft abgekanzelt hast, rufst du mich aus heiterem Himmel an, nur um mir etwas Nettes zu sagen. Da muß doch was faul sein", giftet Melanie.

"Das ist eine Unterstellung", giftet Claudia zurück. "Du bist doch diejenige, die immer etwas zu meckern hatte an mir. Du warst es doch, die bei der Geburtstagsfeier so einen hanebüchenen Unsinn erzählt hat. Da mußte ich doch wohl dazwischengehen."

Ein Klacken ertönt. Das Display des Telefons verkündet: Gespräch beendet. Claudia reißt den Hörer vom Ohr und starrt ihn wütend an, und ihr fällt ein, was ihr eigentliches Ziel war. Verwirrt läßt sie die Hand mit dem Hörer sinken.

Nun? Haben Sie den ersten Schritt hin zur Selbsterkenntnis und einer neuen Einstellung sich und anderen gegenüber schon getan? Wenn ja, dann haben Sie sicher bemerkt, daß Ihnen das nicht leichtfiel. Daß Ihr ganzer Körper sich gegen Ihr Vorhaben stemmte, jede Zelle Ihres Systems flüsterte Ihnen zu: "Das ist doch dumm, wie du dich verhältst. Das hast du doch nie so gemacht, warum soll das auf einmal gut sein? Mach es doch lieber so wie immer – da weißt du, was du hast."

Haben Sie den Schritt trotzdem gemacht, gebührt Ihnen bereits Respekt. Sie haben sich von den Emotionen, die Ihnen Ihr System zwischen die Beine geworfen hat, nicht aus dem Konzept bringen lassen. Aber jetzt mal ehrlich: Wie oft haben Sie es danach noch mal geschafft, bevor Sie wieder in Ihr altes Muster zurückgefallen sind. Einmal? Zweimal? Vielleicht dreimal? Dann waren doch wieder die anderen schuld, der Moment scheinbar nicht passend oder die Aufgabe zu schwer?

Überraschend wäre das nicht. Was Ihr System über Jahrzehnte an gelernten Verhaltensmustern und erlebten Informationen in Bewußtsein gegossen hat, ist wie Beton. Der so fixierte Zustand hat Ihren Geist und Ihren Körper komplett in Beschlag genommen. Das läßt sich nicht schlagartig mit ein paar neuen, positiv erlebten Informationen auflösen.

Solche erlernten Verhaltensmuster sind wie eine gemauerte Säule, an die ein Erwachsener mit festen Gummibändern gefesselt ist. Dabei sieht oder fühlt er weder die Säule noch die Gummibänder, denn er hat sich ja ein Leben lang daran gewöhnt. Diese Gummibänder lassen sich nur in geringem Maße dehnen, größere Bewegungen weg von der Säule erlauben sie nicht. Sie passen sich nicht wechselnden Situationen oder Lebenslagen an, sie behalten ihre einmal eingestellte Länge.

Das zeigt sich auch bei einer krebskranken Frau, die ich kannte. Sie lebte allein in einem großen, repräsentativen Haus. Durch ihre Erkrankung war sie bereits erheblich beeinträchtigt, und doch gönnte sie sich keine ruhige Minute. Sie putzte und wienerte unentwegt, machte Ordnung, wo längst Ordnung herrschte, und rannte noch dem letzten Staubkorn hinterher. Alles mußte blitzen und glänzen, damit bei keinem Besucher ein Zweifel an ihrer perfekten Haushaltsführung aufkomme konnte. Dabei ging es ihr ausgesprochen schlecht, ihre dauernde Aktivität zehrte an ihren eh schon schwachen Kräften.

Ich sprach sie an: „Meine Liebe, wieso verhalten Sie sich so? Wieso verwenden Sie soviel Zeit und Energie auf den äußeren Zustand Ihres Hauses, wo Sie doch Ihre Energie dringend für sich und Ihre Gesundheit brauchen?"

Ich stieß mit meiner Frage auf vollkommenes Unverständnis. Sie antwortete halb erstaunt, halb entrüstet in einem Tonfall, der keine Widerrede duldete: „Das gehört sich einfach so. Das ist normal."

Sie war mit ihren Gummibändern so eng an ihre Säule gefesselt, daß sie sich kein Stück davon wegbewegen konnte. Dabei ist es durchaus so, daß der Mensch sich gegen die Bänder stemmen kann. Lädt ihn jemand überzeugend genug ein, ein Stück mehr von der Welt zu erkunden, weil sie so schön ist, dann kann der Gefesselte – mit einiger Anstrengung – die Gummibänder dehnen und anders handeln also zuvor. Aber selbst wenn die neue Erfahrung wunderschön war, werden ihn die Gummibänder unweigerlich und unbemerkt wieder in die Ausgangsposition ziehen. Weil er die Bänder nicht sieht, wird er nicht wissen, wieso das so ist.

Gibt dieser Mensch dann auf, war alles umsonst. Seine Fesseln sind so stark wie zuvor. Es gibt durchaus ein Entrinnen. Dafür bedarf es der hartnäckigen Wiederholung solcher Ausflüge weg von der Säule. Wer sich intensiv genug gegen die Gummibänder stemmt, wird sie lockern und eines Tages sogar zerreißen. Dann wird er sich (endlich) zum erstenmal frei bewegen.

Die Bänder sind stark, und sie werden nicht nur durch den Menschen selbst verstärkt, sondern auch durch sein Umfeld. Das hat sich nämlich an bestimmte Verhaltensmuster gewöhnt – das empfindet es als „normal". Und es möchte in dieser Erwartungshaltung auch bedient werden. Verhält sich nun einer nicht mehr so wie zuvor, dann stößt er die anderen vor den Kopf. Sie bezeichnen sein Verhalten als „nicht normal" und drücken damit ihre Mißbilligung aus. Ihre Erwartung wird nicht erfüllt, und das berührt sie emotional negativ. Die Ursache ist also die Erwartung. Sie aber schieben die „Schuld" auf den scheinbaren Verursacher: auf den, der sich nicht „normal" verhält. Selbst wenn dessen Verhalten natürlich ist.

Achtung: Entgegen dem allgemeinen Sprachgebrauch hat „normal" rein gar nichts mit „natürlich" zu tun. Der Unterschied ist gravierend und hat große Auswirkung, wenn Sie sich für den Weg der Änderung entscheiden wollen.

Ganz normal

Die Wurzel der fälschlichen Gleichsetzung von normal und natürlich ist offensichtlich: Das Bewußtsein besteht aus einer großen Sammlung erlebter und vom System gewerteter Informationen. Als Kind lernt der Mensch, sich auf eine bestimmte Art zu verhalten, um zu überleben. Aus diesem Lernprozeß heraus entstehen Denk- und Verhaltensmuster, denen jeder Mensch ein Leben lang folgt. Weil sie so früh schon angelegt werden, kennt er sich selbst gar nicht anders. Deshalb erscheinen ihm die Muster als seinem Charakter entsprechend, und er hält sie für „natürlich".

Dabei sind diese Verhaltensweisen ausschließlich angelernt: Sie sind also nicht natürlich, sondern nur normal. Sie entsprechen der Norm – dem, was jeder Mensch von Geburt an vorgelebt bekommt und immer mehr in sein System integriert. Wer ihm das vorlebt, sind zuallererst die Eltern. Es folgen mit kleineren Anteilen die Schule, das soziale Umfeld und die Gesellschaft. Die so vermittelten Normen sind die Leitplanken, die das kindliche Denken und Handeln sanktionieren – solange, bis das normierte Verhalten ganz tief eingesackt ist und als natürlicher Teil des eigenen Wesens gedeutet wird. Genau hier beginnt das Mißverständnis: Solche Verhaltensmuster sind nicht natürlich, also von innen geprägt. Vielmehr kommen diese Prägungen von außen. Gerade die Eltern, aber auch die meisten anderen, die Einfluß nehmen, übermitteln die Normen in bester Absicht – und doch bleiben es Normen, die per se mit dem Einzigartigen, das jeder Mensch in sich trägt, nichts zu tun haben.

Hier liegt der entscheidende Unterschied: Das Natürliche repräsentiert das ganz individuelle Wesen eines jeden

Menschen. Das Natürliche entspringt der Seele, nicht einem System. Dabei verwende ich den Begriff „Seele" nicht im religiösen Sinn. Er steht vielmehr für den innersten Kern eines Wesens, seine Gefühle, seinen Antrieb, seine Bedürfnisse. Entsprechend unterscheidet sich ein natürliches Verhalten oft von einem normalen Verhalten.

Wie sieht das zum Beispiel aus, wenn es auf einem Parkplatz einen kleinen Zusammenstoß gegeben hat? Das eine Auto hat eine Delle im Blech, das andere einen Kratzer in der Stoßstange – es geht in diesem Fall um Bagatellschäden, die sogar von der Versicherung abgedeckt sind. Nichts Schlimmes. Natürlich ist es, wenn die beiden Autofahrer gemeinsam den Schaden anschauen, die Versicherungsdaten austauschen und dann friedlich ihrer Wege fahren. Normal aber ist es, daß aus beiden Autos die Fahrer mit hochrotem Kopf und geballten Fäusten aussteigen. Sie schreien sich an und geben sich gegenseitig die Schuld – so wie sie das selbst wahrscheinlich schon früher oft gesehen haben. So haben sie gelernt: Ein Angriff auf ihren Besitz ist wie ein Angriff auf ihre Person, und dagegen muß man sich wütend wehren. Sie fühlen nur noch Ärger in sich, und dem wollen sie Luft machen. So als würde die gegenseitige Aggression den Schaden verschwinden lassen. Das natürliche Bedürfnis, den eigenen Besitz wiederhergestellt zu sehen, tritt in den Hintergrund.

Das zeigt: Emotionen sind Ausdruck der Norm. Sie haben keine Verbindung zu dem, was das Individuum in diesem Moment wirklich fühlt. Gefühle dagegen sind Ausdruck des Natürlichen. Sie sind direkter Ausdruck der wahren, individuellen Bedürfnisse und führen in jeder Situation zu förderlichem Verhalten.

Solange Sie erlauben, daß die Emotionen hochkochen und Sie unbemerkt mit sich reißen, werden Ihre Gefühle überdeckt. Je mehr Sie Ihre Emotionen erkennen, kontrollieren und neutralisieren, desto leichter kommen Sie Ihren wahren Gefühlen auf die Spur. So entfernen Sie sich von der Norm und kommen Ihrer Natürlichkeit näher.

Sind Sie übrigens in Kontakt mit dem, was für Sie natürlich ist, werden Sie auch stark gegen die emotionalen Widerstände anderer auf Ihrem neuen Weg. Die werden Ihnen mit großer Sicherheit entgegenbranden, wenn Sie sich von Ihren genormten Verhaltensmustern lösen. Wie gesagt, Ihr Umfeld wird es für „nicht normal" halten, wenn Sie es wagen, anders zu handeln als vorher. Das kann als Reaktion nicht nur Irritation, sondern auch Abwehr zur Folge haben. So berichtete mir eine junge Seminarteilnehmerin davon, daß sie mit ihrem neuen Verhalten bei ihrem Partner und ihren Kollegen auf völliges Unverständnis stieß. Die ließen sie klar wissen:

„Wenn du nicht wieder normal wirst, wollen wir nichts mehr mit dir zu tun haben."

Sie war am Boden zerstört. Wir sprachen also darüber, woher diese harsche Reaktion kommen könnte. Ihr wurde klar: Zuvor war sie über ihre emotionalen Muster leicht berechenbar in ihrem Verhalten gewesen. Zum Beispiel konnte sich ihr Partner darauf verlassen, daß er nur mitleidheischend reden mußte, um bei ihr sofort ein mütterlich-umsorgendes Verhalten auszulösen – ganz unabhängig von ihren Bedürfnissen und den wahren Bedürfnissen auf seiner Seite. Es war ihm ein Leichtes, sie auf diese Weise zu manipulieren.

Nun aber hatte sie gelernt, ihre Emotionen zu erkennen und sich bewußt für oder gegen eine entsprechende Reaktion zu entscheiden. Der emotionale Knopf funktionierte nicht mehr. Jetzt verstand sie: Der plötzliche Liebesentzug in ihrem Umfeld zeugte nicht von einem Fehlverhalten ihrerseits, sondern von der Enttäuschung ihres Partners darüber, daß er sie nicht wie gewohnt steuern konnte.

Der Ausdruck: „Ich weiß, wie du tickst" bedeutet ja nichts anderes als: „Ich weiß, welche Knöpfe ich bei dir drücken muß, um dich emotional in eine bestimmte Richtung zu lenken."

Diese Erkenntnis befreite die junge Frau sehr: Die negative Reaktion war ein Zeichen, daß sie sich der Lenkung von außen entzogen hatte. Daß sie auf dem richtigen Weg war. Und das bestärkte sie darin, sich von ihrer Normalität weg hin zu ihrer Natürlichkeit zu entwickeln.

Sie können also aus einer solch differenzierten Betrachtung heraus emotionale Souveränität gegenüber Ihrem Umfeld erlangen. Egal, ob Ihre Mitmenschen auf Ihr verändertes Verhalten positiv oder mit Irritation reagieren: Sie wissen, daß Sie dem Pfad Ihrer eigenen Natürlichkeit folgen, nicht dem der Norm, wie es Ihr Gegenüber von Ihnen erwartet. Sie können das Verhalten Ihres Gegenübers einordnen: Seine negative Reaktion ist keine Wertung, die Sie für sich übernehmen müssen. Im Gegenteil: Sie kann sogar ein Anzeichen dafür sein, wie positiv Ihre Schritte sind. Positiv für Ihre Öffnung hin zu Ihrer Natürlichkeit.

Lange sitzt Claudia so da, den Telefonhörer in der herabgesunkenen Hand. Das Freizeichen hat längst aufgehört. Sie starrt auf die Akten auf ihrem Schreibtisch, aber nimmt sie nicht wahr. ‚Warum nur hat es bei Melanie nicht funktioniert? Ich war doch bereit. Ich war voll auf Freundlichkeit gepolt.

Dann kommt so eine unfreundliche Reaktion. Ich verstehe es einfach nicht', denkt sie. ,Ich habe gedacht, ich hätte es kapiert.'

Sie dreht sich zum Fenster: ‚Oder liegt es doch an Melanie? Bin gar nicht ich die Ursache, sondern sie?'

Jetzt bemerkt sie erst, daß es draußen fast schon dunkel ist. Verdammt, wie lange hat sie denn hier untätig herumgesessen? Sie muß doch noch die Akten für den Marani-Fall durchgehen. Morgen ist Gerichtstermin, und wenn sie da nicht gut vorbereitet ist, kann sie schon wieder vor dem Chef zu Kreuze kriechen.

Sie richtet sich auf und zieht den Papierstapel auf dem Schreibtisch zu sich heran. Sie schlägt den ersten Aktendeckel auf und versucht, sich zu vertiefen.

Immer wieder setzt sie sich anders hin. Sie macht ein paar Dehnübungen. Schließlich klatscht sie sogar laut mit ihren Handflächen auf ihre Wangen. Aber vergebens: Sie kann sich nicht konzentrieren. Sie geht ihr einfach nicht aus dem Kopf, die Frage nach dem Warum.

Seufzend steht sie auf. Vielleicht helfen ein paar Schritte im Park.

Sie geht aus ihrem Büro. Oh, schon keiner mehr da. Komisch, daß Frau Helferich ihr nicht Bescheid gesagt hat, als sie gegangen ist. Da fällt ihr Blick auf das Schild an ihrer Bürotür, das immer noch auf "Bitte nicht stören" gedreht ist. ‚Aha, alles klar', denkt sie. ‚Macht ja auch nichts.'

Sie greift nach ihrer Jacke und streift sie im Gehen über. Sie verläßt die Kanzlei und geht in Richtung Parkeingang. ‚Es ist wirklich schon ziemlich dunkel', denkt sie. ‚Ob es im Park da noch sicher ist? Na ja, ich kann ja mal kurz hineinschauen.

Doch das Tor zum Park ist bereits geschlossen. Sie rüttelt an der großen, gußeisernen Klinke, aber nichts rührt sich.

"Kannste nich lesen?" fragt ein Mann gelassen, der gerade vorbeischlurft. Sein fleckiges Feinrippunterhemd ist ausgeleiert, der Bund seiner schwarzen, ausgebeulten Hose spannt über seinem Bauch. Er deutet auf ein Schild neben dem Eingang: "Parköffnungszeiten: Sommer 7.00 bis 19.00 Uhr, Winter 8.00 bis 17.00 Uhr."

"Natürlich kann ich lesen!" bellt Claudia zurück. Was für eine unverschämte Frage. Sie schaut den Mann böse an und wendet sich ab. Sie will einfach nur weg von diesem ungehobelten Klotz und geht, ohne darüber nachzudenken, die Parkmauer entlang weiter.

Beim Gehen kommt sie ins Grübeln: Warum hat sie den Mann so angefahren? Warum ist die Wut sofort in ihr hochgekocht? Wollte sie ihn wirklich so brüskieren? Mußte das sein?

Sie ist verwirrt. Noch verwirrter als vorher. Mechanisch setzt sie Schritt um Schritt. Bis sie vor dem Tor auf der anderen Seite des Parks steht. Natürlich hängt da das gleiche Schild. ‚Aber', denkt Claudia, ‚vielleicht haben sie ja vergessen, hier zuzuschließen.' Mit leiser Hoffnung drückt sie die schwere Klinke herunter – aber nein, auch hier ist zu.

Sie hört ein leises, krächzendes Kichern hinter sich und dreht sich um.

~

Stetiger Wandel

Jeder Mensch hat Bedürfnisse und Wünsche. Sie sind ihm ein wichtiger Antrieb, der ihn am Leben hält und ihm eine Weiterentwicklung ermöglicht. Die natürlichen Bedürfnisse und Wünsche sind eine wunderbare Richtschnur, um ein erfülltes, glückliches Leben zu führen.

Das klingt einfach, und das ist es auch. Das Schwierige daran ist, sich die natürlichen Bedürfnisse in jeder

Situation bewußt zu machen und bewußt zu befriedigen. Es handelt sich dabei nicht um stetige, gleichförmige Notwendigkeiten, sondern sie wechseln zum Teil sehr schnell. Jede neue Situation kann neue Anforderungen stellen. Wer da nicht aufmerksam und in der Gegenwart präsent ist, kann leicht übersehen, welches Bedürfnis er aktuell wie befriedigen sollte oder will.

Ich will Ihnen ein ganz simples Beispiel geben: Wenn Sie vier Stunden ohne Pause gewandert sind, ist es Ihnen ein Bedürfnis zu rasten und etwas zu essen. Sobald Sie sich diesen Wunsch erfüllt haben, wollen Sie ganz dringend weitermarschieren. Ihre aktuelle Bedürfnislage hat sich stetig verändert. Sie haben es jeweils erkannt und sich gegeben, was Sie brauchten. Das ist gut so, denn Ihre natürlichen Bedürfnisse nach Ruhe, Nahrung und Aktivität richten sich an bestimmten Prozessen Ihres Lebens aus. Sie haben Hunger? Stillen Sie ihn, aber stillen Sie ihn bewußt.

Was meine ich mit bewußt? Ich will es Ihnen am Beispiel der Wanderung deutlichmachen. Sie haben nach den vier Stunden Bewegung an der frischen Luft einen Bärenhunger. Dieses Hungergefühl löst auch eine Emotion aus: Heißhunger. Weil die Emotion sich in Ihrer Wahrnehmung so leicht vor das Gefühl drängt, sind Sie vorrangig von letzterem erfüllt. Weil die Reaktion auf Heißhunger darin besteht, möglichst viel in kurzer Zeit zu verschlingen, kann es sein, daß Sie auf der Hütte spontan eine große Portion Schweinebraten mit drei dicken Klößen ordern. Erst nachdem Sie Ihr Essen verspeist haben, fällt Ihnen ein, daß Sie ja noch fünf Stunden Wanderung vor sich haben. Und Sie derart vollgestopft keinen Spaß daran haben werden.

Sind Sie dagegen präsent in dem Moment, in dem Sie mit Ihrem Hunger am Gasthaus ankommen, dann erkennen Sie sowohl die Emotion des Heißhungers als auch das Gefühl des Hungers dahinter. Auch die Konsequenzen Ihrer verschiedenen Handlungsmöglichkeiten sind Ihnen bewußt: Essen Sie jetzt die mächtige Portion, ist zwar Ihr Bedürfnis Hunger gestillt, Ihr Bedürfnis nach Freude an der Fortsetzung der Wanderung dagegen bleibt auf der Strecke. Das würde auch passieren, wenn Sie gar nichts zu sich nehmen. Auch dann würde Ihnen die Kraft fehlen, so daß das Weitergehen keine Freude bereiten würde. Entscheiden Sie sich dagegen für einen kleinen Imbiß, wird Ihr Hunger verschwinden, und Sie können das Weiterwandern genießen.

Das ist der Unterschied zwischen spontanem, also emotionsgesteuertem, und bewußtem, also vorausdenkendem Verhalten.

Spontaneität unterdrückt Denkbereitschaft

Wünsche und Bedürfnisse können in jeder Situation neu entstehen und wollen zügig befriedigt werden. Und das ist – wie ich behaupte – auch ohne spontane Entscheidungen möglich. Ja, es ist sogar notwendig, der Spontaneität zu entsagen.

Aus meiner Sicht zeugt spontanes Handeln überwiegend von mangelnder Denkbereitschaft. Aus Faulheit oder Angst, die Konsequenzen des eigenen Handelns überprüfen zu müssen, sind „spontan veranlagte" Menschen sehr schnell Feuer und Flamme und stürzen sich unbesehen in die Tat. Sie sind sogar stolz darauf, reaktiv emotional ausgelöst zu handeln, ohne gedacht zu haben.

Dabei fehlt es ihnen nüchtern gesehen an Präsenz, um im Hier und Jetzt klare Gedanken zu fassen. Stattdessen pendeln sie zwischen Vergangenheit und möglicher Zukunft. Sie sind ein Spielball ihrer Emotionen und bleiben von ihren wahren Gefühlen und Bedürfnissen entkoppelt. Ihre Handlungen bleiben normativ. Aus diesem Grund sage ich: Spontaneität ist und bleibt eine Dummheit.

Im Unterschied dazu führt natürliche, bewußte Wunscherfüllung allein über Ihr tatsächliches Gefühl. Um dieses hinter dem dichten Vorhang der reaktiven Emotionalität zu entdecken, benötigen Sie Präsenz in Ihrem Denken. Nur wenn Sie mit Ihrem Denken in der Gegenwart sind, können Sie Ihre gegenwärtigen Bedürfnisse erkennen.

Erläutere ich diesen Punkt in meinen Seminaren, höre ich oft in vorwurfsvollem Ton den Einwand: „Wenn ich alles vorausplane, dann fehlt es mir ja an jeglicher Spontaneität. Das ist ja total unnatürlich." Ich kann nur antworten: „Im Gegenteil. Endlich sind Sie ganz natürlich."

Diese Gegenwärtigkeit ermöglicht es Ihnen auch, bewußt statt spontan zu entscheiden, was Sie tun wollen. In diesem Zustand erfassen Sie die konkreten Folgen Ihres Handelns, für sich wie für andere. Sie erkennen die Konsequenzen und können Ihr Handeln so ausrichten, daß es für Sie förderlich ist. Sie kommen in ein natürliches Tun. Diese Unterscheidung zwischen normativem und natürlichem Handeln gibt Ihnen persönliche Freiheit, Sie werden unabhängig von den Reaktionen der anderen. Damit verbunden sind wesentlich größere Erfolgschancen, weil Sie die Konsequenzen Ihrer Entscheidungen vorausdenken und daraufhin bewußt denken, sprechen und handeln können.

Claudia sieht sich einer kleinen, gebeugten Gestalt gegenüber. ‚Die kenne ich doch', denkt sie. Die alte Pfandflaschensammlerin mit dem ausgebleichten Trolley steht auf dem Gehweg. Sie hat den gleichen Mantel und den gleichen Rock an wie bei ihrer letzten Begegnung. Auch die dicke, braune Strumpfhose trägt sie. Nur die Füße stecken heute nicht in den alten Wanderschuhen vom letzten Mal, sondern in Gesundheitslatschen, bei denen auf der einen Seite schon eine Schnalle fehlt.

„Wartest du schon wieder auf jemand?" fragt die alte Frau. Sie stellt ihren Trolley auf und kommt auf Claudia zu, den Stock zum Wühlen in den Abfallkörben noch in der Hand. Ihr Grinsen gibt den Blick auf die vielen Zahnlücken frei.

Claudia unterdrückt den Impuls, auch ihr eine patzige Antwort zu geben. ‚Will ich wirklich, daß die alte Frau sich heruntergeputzt fühlt? Muß das sein?' geht es ihr durch den Kopf, und sie beschließt für sich: ‚Nein, muß es nicht.'

Also sagt sie mit dem Anflug eines Lächelns: „Nein. Ich wäre nur gerne noch ein bißchen im Park spazierengegangen." Da fällt ihr etwas ein und sie setzt hinzu: „Sagen Sie, ist Ihnen nicht zu warm in dem Mantel und den Strümpfen?" Die Alte kichert wieder und antwortet: „Liebchen, mir ist eigentlich nie warm genug. Ich brauche schließlich einen Wärmevorrat für den Winter." Wie zum Beweis rafft sie den abgetragenen Mantel noch enger um sich. Sie schaut Claudia direkt an und sagt: *„Aber das ist nett, daß du dir über mich Gedanken machst. Dabei müßte ich mir viel mehr um dich Gedanken machen."*

Claudia schaut sie verblüfft an: „Sie um mich?" Das Weiblein nickt: „Aber ja. Du willst in den Park und kommst nicht hinein. Kennst du den Sternenzugang nicht?" Claudia schüttelt den Kopf.

„Na, dann komm", krächzt die Frau. Ohne Claudias Reaktion abzuwarten, schnappt sie sich wieder ihren Trolley und beginnt, ihn den Weg weiter an der Parkmauer entlang zu ziehen. Der Stock, den sie jetzt als Gehhilfe nutzt, macht ein rhythmisch klopfendes Geräusch auf den Gehwegplatten, der Wagen quietscht ein bißchen.

Claudia steht unschlüssig da. Soll sie wirklich dieser alten Hexe folgen? Die Aussicht, in dem menschenleeren Park Ruhe zu finden, ist verlockend. Also gibt sie sich einen Ruck und macht ein paar schnelle Schritte, um dem leisen Klopfen und Quietschen zu folgen. „Ist nicht weit", nuschelt die Greisin gerade. „Siehst du die große Ulme dahinten? Die mußt du dir merken." „Okay", sagt Claudia atemlos und denkt: ‚Erstaunlich, wie schnell sie in diesem Alter noch gehen kann.'

Es sind nicht mehr viele Menschen unterwegs, obwohl der Abend einladend warm ist. So bemerkt kaum einer, wie die beiden ungleichen Frauen, die an der Parkmauer entlanglaufen, plötzlich stehenbleiben. Die Alte deutet mit ihrem Stock auf ein Stück, wo die Mauer anscheinend einen Knick macht. Die Nische, die dadurch entsteht, liegt ganz im Dunkeln.

„Da hinten, da klafft eine Lücke", krächzt sie. „Der Baum drückt die eine Mauerseite weg. Dort findest du einen Spalt, der breit genug ist, um durchzuschlüpfen." Sie dreht sich zu ihrer Begleiterin: „So, und nun geh. Du wirst sehen, was dich erwartet." Claudia erschrickt: „Was soll mich denn da erwarten? Soll das eine Drohung oder Warnung sein?" Sie schwankt zwischen Ärger und Angst.

Das Weiblein hat sich schon zum Gehen gewendet und wirft ihr kichernd noch über die Schulter zu: „Es erwartet dich das, was du glaubst, das dich erwartet." Claudia starrt dem Weiblein lange hinterher, wie es klopfend und quietschend in der Nacht verschwindet.

‚Oh Mann, die spinnt ganz schön', denkt sie. ‚Aber ich spinne auch ganz schön: Nachts durch ein Loch in der Mauer in den Park schlüpfen wollen. Ich weiß ja wirklich nicht, was mich da erwartet. Außerdem tut man das nicht.' Sie wirft den Kopf in den Nacken und lacht.

‚Aber ich tue es schon.', denkt sie, schüttelt ihre Angst ab und geht entschlossen auf die dunkle Nische zu.

⁓

Bewußt statt spontan

Es ist die Bewußtheit, die das natürliche vom spontanen Handeln unterscheidet. Bewußtes Handeln entsteht immer nur aus bewußtem Formulieren dessen, was Sie tun wollen. Ihre Denk-Sprache steht vor dem Handeln. Da Sie nichts tun können, was Sie nicht zuvor gedacht haben, steht ganz am Anfang der Kette das bewußte Denken.

Deshalb lautet das Prinzip des Bewußten Denkens, Sprechens und Handelns:

**Mein Denken bestimmt meine Wörter,
meine Wörter bestimmen mein Handeln.**

Jeder Schritt in dieser Kette erfolgt bewußt und in der Gegenwart. Das klingt nach einer Herausforderung, und das ist es auch für die meisten Menschen. Es ist nämlich eine Sache der Übung und wer diese Übung zeit seines Lebens noch nicht gesucht hat, der tut sich am Beginn schwer damit. Aber – glauben Sie mir – es ist nie zu spät, damit anzufangen.

Die wichtigste Voraussetzung dafür habe ich schon mehrmals genannt: Es ist die Präsenz in der Gegenwart. Stellen Sie die her, werden Sie auch die bewußten Schritte setzen können.

Manche Kursteilnehmer fragen dann: „Ja, und was ist mit dem spontanen Bauchgefühl? Es heißt doch, das hat immer recht!?" Das ist für mich ein Widerspruch in sich: Das Bauchgefühl oder die Intuition ist ein guter Hinweis auf Ihre wahren Bedürfnisse – das ist richtig. Aber spontan kommt das nicht. Gerade in hektischen Momenten, in denen Sie meinen, keine Zeit zum Nachdenken zu haben, ist das, was Sie „spontan" fühlen, meist Ausdruck Ihrer emotionalen Hilflosigkeit und damit der Norm. Ihre Norm steht Ihrer Natürlichkeit entgegen.

Nur vom Gegenwärtigen Denken aus können Sie zum bewußten Denken gelangen. Dies bedarf der Übung. Die Prinzipien, die ich Ihnen in den vorangegangenen Kapiteln aufgezeigt habe, helfen Ihnen dabei. Rufen Sie sich diese immer wieder ins Gedächtnis, und wenden Sie sie so oft wie möglich an. Darüber hinaus möchte ich Ihnen eine Übung an die Hand geben, die Sie insbesondere dabei unterstützt, über Ihren Sprachgebrauch Ihre Fähigkeit zur Präsenz und zu bewußtem Denken zu aktivieren.

Wer spricht?

Zwei kleine Wörter mit gerade einmal drei Buchstaben sind es, die für einen entscheidenden Unterschied im Denken und in der Haltung die Ursache sind: Es sind die Wörtchen „man" und „ich".

Benutzt jemand in seinen Sätzen „man", dann signalisiert er damit: Gemeint sind die anderen, nicht ich. Ich habe damit nichts zu tun, ich kann daran nichts ändern, ich habe keine Verantwortung. Das Wort „man" steht für die Norm, für die Vorgabe, für das Schuldige im Außen. Mit der Verwendung von „man" ist eine normative Entlastung verbunden: Treffen die anderen die Entscheidung, muß man keine mehr treffen. Man ist nicht schuld.

Es ist ein gehöriger Unterschied, ob einer sagt: „Im Winter ist man oft krank" oder der andere sagt: „Ich bin im Winter oft krank." Der eine legt sich schicksalsergeben mehrere Wochen pro Jahr mit der Wärmflasche ins Bett. Der andere kommt nicht umhin, sich zu fragen: Warum bin ich eigentlich so oft krank? Kann ich was dagegen tun? Kann ich mit Sport, guter Ernährung und viel frischer Luft aktiv meinen Zustand verbessern? Die kleine Änderung im Sprachgebrauch hat also ganz konkrete Folgen.

Hinter einem „man" kann man sich wunderbar verstecken – hinter einem „ich" geht das nicht. Das „man" ist Ausdruck eines normativen Denkens und Handelns, das „ich" führt zurück auf die eigene Natürlichkeit und Bewußtheit.

Worauf ich hinausmöchte, ist folgendes: Sobald Sie in Ihren Gedanken „man" durch „ich" ersetzen, ändert sich automatisch, noch während Sie es formulieren, Ihr Denkprozeß und damit Ihre gesamte Haltung. Sie wechseln vom normativen ins natürliche Denken, vom spontanen, emotionsgetriebenen in ein verantwortungsvolles, bewußtes Handeln.

Schon allein die aktive Verwendung des Wörtchens „Ich" aktiviert in Ihnen den Fokus auf sich selbst, auf Ihre eigenen Wünsche und Bedürfnisse. Bleiben Sie dagegen in Ihrem Denken bei „man", bleiben Sie in den äußeren Normen gefangen.

Probieren Sie folgende Beispiele für sich aus. Sprechen

Sie die Sätze laut aus, einmal mit „man", einmal mit „ich". Spüren Sie nach, was sich in diesem Moment an Ihrer Haltung, an Ihrem Denken und auch an Ihrem Gefühl ändert:

- „Man sollte jeden Tag pünktlich in die Arbeit kommen." – „Ich sollte jeden Tag pünktlich in die Arbeit kommen."

- „Man müßte öfters seine Eltern anrufen." – „Ich müßte öfters meine Eltern anrufen."

- „Man darf alles, solange man niemandem schadet." – „Ich darf alles, solange ich niemandem schade."

Sie werden den Effekt sehr schnell an sich wahrnehmen. Sie denken und sprechen wesentlich bewußter, wenn Sie Ihre Gedanken wirklich auf sich beziehen und nicht auf die anderen.

Achten Sie ab sofort auf Ihren Sprachgebrauch, korrigieren Sie sich stetig (und liebevoll), um dauerhaft vom „man" zum „ich" zu wechseln. Tatsächlich werden Sie merken, daß Sie dieses Wort meiden können. Aktivieren Sie Ihren „Ich"-Schalter solange, bis er von selbst immer angeschaltet bleibt. So lassen Sie Ihr bewußtes Denken, Sprechen und Handeln in Ihren Alltag einfließen: Sie beeinflußen auf diese Weise nicht nur sich selbst positiv, sondern auch Ihr Umfeld.

~

‚Hoffentlich zerreiße ich nicht meine schöne Hose', denkt Claudia, als sie sich seitlich durch den engen Spalt in der Mauer quetscht. Die alten Ziegel mit den Mörtelresten kratzen an ihren nackten Oberarmen und an ihrem Po. Dem Bauwerk entströmt ein moosig-modriger Geruch.

Auf der anderen Seite ist es stockdunkel. Die ausladenden Zweige der Ulme schlucken das letzte bißchen Licht, das von der Straße kommt. Unter ihren Schritten raschelt das Laub, ab und zu bricht ein dürres Zweiglein krachend, wenn sie drauftritt. Das Geräusch des Brechens kommt ihr sehr laut vor.

‚Wahrscheinlich nur, weil es hier so still ist', denkt sie. ‚Die Mauer und der Baum schirmen alle Geräusche der Stadt ab.' Sie sieht sich um. ‚Wie friedlich es hier ist. Ich kann mir nicht vorstellen, daß mich hier etwas Böses erwartet', denkt sie.

Vorsichtig setzt sie einen Fuß vor den anderen, dahin, wo die ausladende Baumkrone endet und weiter vorne ein breiter Weg vorbeiführt. Hier ist der Blick frei auf den offeneren Teil des Parks. Ja, hier ist es schön.

Claudia spürt, wie die Ruhe des Parks sie ansteckt. Sie schlendert über den Rasen hin zu dem Weg. Hier liegen kaum noch Blätter oder Reisig, sie geht wie über einen dicken Teppich. Wie der Teppich in der Kanzlei. Die Szenen aus dem Büro fallen ihr wieder ein. Auch das Telefonat mit ihrer Schwester.

Sie murmelt vor sich hin: „Warum nur?" „Solange Sie nur geben, um zu bekommen, wird es nicht funktionieren", sagt eine ruhige Stimme hinter ihr. Claudia stößt vor Schreck einen spitzen Schrei aus und fährt herum. Ein kurzes Wiffzen kommentiert ihr Erschrecken.

„Alles ist gut", sagt der ältere Herr und tritt aus dem Schatten einer der kleineren Bäume am Rande des Weges. „Es gibt keinen Grund zur Aufregung." Es ist nicht ganz klar, ob er dies zu Claudia oder zu dem Hündchen an seiner Seite sagt – oder zu beiden.

„Sie sind es", sagt Claudia erleichtert. „Ja, ich bin es wohl. Haben Sie jemand anderen erwartet?" fragt er lächelnd. „Nein, nein", lacht sie. „Eigentlich habe ich niemanden erwartet." „Nun, dann habe ich Sie enttäuscht, nicht wahr? Ein Niemand bin ich nicht."

„Stimmt", sagt Claudia und ergreift die Gelegenheit beim Schopf, um zu fragen: „Aber wer sind Sie eigentlich?"

„Und wer sind Sie?" fragt der Herr freundlich zurück. „Ich bin Claudia Wehrla, erfolgreiche Anwältin in der Kanzlei Trondheim", sagt sie stolz. Er aber schüttelt den Kopf und sagt: „Ich wollte nicht wissen, was Sie sind, sondern wer Sie sind. Können Sie mir das sagen?"

„Äh, da weiß ich nicht, was ich Ihnen sagen soll", gibt sie zögernd zurück. „Das dachte ich mir", sagt er und schaut sie an. Sie weicht seinem Blick aus, fühlt sich ertappt. Da fällt ihr ein, was er gerade zu ihr gesagt hat, und sie fragt: „Was meinen Sie damit: Solange ich nur gebe, um zu bekommen, wird es nicht funktionieren."

„Sie haben eine Situation erlebt, in der Sie Anerkennung gegeben und keine zurückbekommen haben, nicht wahr?" erwidert er. Sie nickt.

„Erzählen Sie mir davon", fordert er sie auf. „Wir können ja, während Sie erzählen, eine kleine Runde gehen. Der helle Belag dieses Weges leuchtet fast im Sternenlicht." Er macht eine weiche, ausholende Geste mit dem Arm und sagt: „Sehen Sie nur."

Tatsächlich: Wie ein matt schimmerndes Seidenband schlängelt sich der Weg weithin sichtbar durch die nächtliche Parkfläche.

Sie setzen sich in Bewegung, der kleine Terrier darf die ganze Länge seiner Leine nutzen. Er geht mal vor, mal hinter ihnen. Ein Ohr ist immer aufmerksam in Richtung Claudia und eines in Richtung seines Herrchens gerichtet, während die beiden den Weg entlangschlendern.

„So, nun schießen Sie mal los", sagt der ermunternd. Claudia schildert ihm ausführlich ihr Gespräch mit Melanie, wie die sie angefahren hat und wie sie dann gar nicht anders konnte, als ihre Schwester zurechtzuweisen.

Der Mann hört aufmerksam zu, bis sie zu Ende erzählt hat, die Hände hinter dem Rücken ineinandergelegt. Er löst seine Arme, wendet sich ihr im Gehen zu und fragt nach: „Sie waren also freundlich, Ihre Schwester hat unfreundlich reagiert und deshalb mußten Sie auch unfreundlich reagieren?"

„Genau", bestätigt Claudia. „Ich muß mich doch wehren." Sie zuckt mit den Schultern und macht eine fast entschuldigende Geste.

„So, so. Sie mußten also?" erwidert er. Er beobachtet nun das Hündchen, wie es eine besonders interessante Stelle im Gras näher beschnuppert. „Stand Ihre Schwester mit gezückter Waffe neben Ihnen und hat Sie zur Unfreundlich-

keit gezwungen?" „Nein, natürlich nicht", sagt sie in leicht genervtem Ton. „Müssen sagt man halt so. Ich könnte auch sagen: Ich wollte mir das nicht bieten lassen."

„So, so. Sie haben sich also bewußt dafür entschieden, die Unfreundlichkeit mit Unfreundlichkeit zu beantworten?" Er ist stehengeblieben und schaut sie ernst an.

„Na ja, so richtig nachgedacht habe ich nicht darüber", antwortet Claudia zögernd. Sie hat ebenfalls angehalten und merkt, daß sie rot wird.

„Ich möchte anders fragen", sagt der Herr und nimmt seinen schlendernden Schritt wieder auf. „Was wollten Sie denn mit Ihrer Antwort bei Ihrer Schwester erreichen?"

„Na, daß wir wieder zu dem freundlichen Ton finden, den ich angeschlagen hatte", sagt sie trotzig, den Blick auf den Weg gerichtet.

„Bitte laß das", sagt er scharf und bleibt abrupt stehen. Claudia blickt erschrocken auf. In diesem Ton hat er noch nie mit ihr gesprochen. Dann muß sie über sich selbst lächeln. Er hat die Wörter gar nicht an sie gerichtet, sondern an den Terrier. Der hat begonnen, an der interessanten Stelle zu buddeln und schaut jetzt – auf die Worte hin – fragend auf.

"Wir haben darüber gesprochen, nicht wahr?" fragt ihn sein Herrchen streng. Einen Moment scheint das Tier zu überlegen. Dann senkt es seinen Kopf und trottet zurück zum Weg.

Zufrieden nickt der Mann und wendet sich wieder Claudia zu: "Wir schätzen beide die Gepflegtheit des Parks und hatten deshalb vereinbart, den Gärtnern keine zusätzliche Arbeit zu machen. Sie müssen wissen: Mein Hündchen arbeitet noch an seinen bewußten Entscheidungen."

Er macht eine einladende Handbewegung: "Lassen Sie uns weitergehen. Die Bewegung in dieser Nachtluft ist einfach herrlich." Die beiden setzen sich wieder in Bewegung, und er fährt fort: "Wenn ich Sie richtig verstanden habe, dann waren Sie unfreundlich, um Ihrer Schwester eine freundliche Reaktion zu entlocken. Richtig?"

Claudia seufzt: "Wenn Sie es so sagen, klingt es wirklich bescheuert. Ich glaube, Sie haben recht: Ich habe über meine Antwort nicht nachgedacht. Hätte ich es getan, hätte ich sofort gewußt, daß es so nicht funktionieren kann. Jetzt ist mir alles klar."

~

Bewußt denken

Zum bewußten Denken gehört nicht nur, daß Sie Ihre Einstellung sich selbst gegenüber wahrnehmen, sondern auch, daß Sie die Konsequenzen Ihrer möglichen Handlungsentscheidungen bedenken. Um diese besser vorausdenken zu können, gibt es folgende drei Fragen, die Sie sich stellen sollten:

- Wie wirke ich auf andere?

- Wie wirken die anderen auf mich?

- Welche Konsequenzen ergeben sich daraus für mein Handeln?

Bitte lassen Sie mich vorab noch eines klarstellen: Es geht nicht darum, daß Sie etwas nur deshalb tun sollen, damit Sie besser bei Ihren Mitmenschen dastehen. Ist es Ihre Absicht, den Beifall anderer zu bekommen, dann sind Sie auf dem Weg von sich weg, hin zu der Norm. Damit werden Sie langfristig weder sich noch Ihre Umwelt zufriedenmachen.

Es geht vielmehr darum, daß Sie das erreichen, was förderlich für Sie ist. Unter Ihren vielen theoretischen

Handlungsoptionen gibt es einige, mit denen Sie dieses Ziel direkter erreichen als mit anderen. Es gibt Optionen, mit denen Sie es anderen Menschen ermöglichen, Sie auf Ihrem Weg zu unterstützen. Spontanes Handeln trägt dazu nicht bei – das haben Sie ja bereits oft genug erlebt.

Lehnen Sie sich also zurück und widmen Sie sich der ersten Frage: Wie wirken Sie auf andere? Was lösen Ihre Handlungen bei anderen aus? Schauen Sie ohne Angst und Vorwurf auf Ihre Außenwirkung. Betrachten Sie nicht nur das Hier und Jetzt, sondern auch längere Zeiträume. Seien Sie dabei ehrlich mit sich: Sie müssen nichts beschönigen, aber auch nichts schwarzmalen. Es wartet weder Strafe noch Belohnung auf Sie, nur Erkenntnis.

Die zweite Frage ist nicht minder wichtig: Wie wirken andere auf Sie? Dieser scheinbare Blick nach außen ist in Wahrheit ein weiterer Blick nach innen: Diese Frage weist Sie nämlich auf sich selbst zurück. Andere Menschen agieren oft als direkter Spiegel. Haben Sie zum Beispiel den Eindruck, daß alle Menschen Ihnen voreingenommen begegnen, dann prüfen Sie sich kritisch: Neigen Sie auch dazu, schnell voreingenommen zu sein? Wieder meine Bitte: Seien Sie ehrlich zu sich. Es geht nicht um Vorwürfe oder Schuldzuweisungen, es geht um Selbsterkenntnis, und die ist immer gut.

Ich kenne eine Frau, die jeden, der ihr begegnet, grundsätzlich anfunkelt. Erst dachte ich, sie würde vielleicht nur mir so grimmig gegenübertreten. Hatte ich ihr unabsichtlich einen Grund dafür geliefert? ‚Egal', dachte ich dann. ‚Ich habe jedenfalls keinen Grund, ein böses Gesicht zurückzusenden.' Ich lächelte sie erst recht ganz bewußt an, wenn wir uns trafen.

So ganz so einfach löste ich die Situation damit nicht Die Frau schaute als Reaktion auf mein Lächeln noch böser drein. Warum? Sie dachte: ‚Ich bin auf Krawall gebürstet, und die anderen sind es auch. Das ist normal. Lächelt mich einer an, dann kann das nur ein Trick sein. Lasse ich die Waffen fallen, nutzt der die Chance und fällt über mich her.' Aus diesem Teufelskreis könnte sie nur entkommen, wenn sie beginnen würde, bewußt ihre Außenwirkung und die Konsequenzen zu hinterfragen.

In der Regel aber werden Ihnen Menschen so entgegentreten, wie Sie auf sie zugehen. Sind Sie unsicher, sind die es auch. Sind Sie offen, sind die anderen es auch. Was meinen Sie: Begegnen Ihnen zwei Menschen und der eine lächelt Sie an, der andere blickt Ihnen grimmig entgegen. Bei wem haben Sie eher den Impuls, ein freundliches Gesicht zu machen? Handeln Sie deshalb bewußt und selbstreflektiert.

Ob Ihr Gegenüber in der Lage ist, darauf einzugehen oder – wie die geschilderte Frau – in einem Negativkreislauf steckt, können Sie nicht wissen. Sie sind für die Reaktion des anderen nicht verantwortlich – für Ihre dagegen schon.

Wie du mir, so ich dir?

In den überwiegenden Fällen erfährt ein freundliches Verhalten eine ebensolche Erwiderung. Selbst wenn diese – aus welchen Gründen auch immer – ausbleibt, muß das für Sie persönlich keinen Unterschied bedeuten.

Hat Ihr Gegenüber für sich entschieden, negative Emotionen auszusenden, können Sie sich bewußt dafür entscheiden, sich davon nicht anstecken zu lassen. Es ist Ihre Entscheidung, sie als das zu sehen, was sie sind: die Emotionen des anderen.

Haben Sie den Teufelskreis bei einem Menschen wahrgenommen, dann ziehen Sie dies bei Ihren Überlegungen mit ein. Handeln Sie von Ihrer Seite aus immer so, daß Sie dem anderen die Tür aus diesem Kreislauf offenhalten. Vielleicht kann er irgendwann Ihrem Beispiel folgen und in das bewußte Denken einsteigen.

In Situationen wie diesen manifestiert sich das Prinzip des Bewußten Denkens, Sprechens und Handelns am deutlichsten: Sie nehmen die Emotion des anderen wahr, aber Sie sind es, der entscheidet, wie Sie damit umgehen möchten. Sie sind es, der Ihr eigenes Leben bestimmt, und nicht die Umgebung. Das wird besonders deutlich, wenn Ihr Gegenüber Ihr Geben nicht entsprechend erwidert.

Es gibt in dieser Welt stets zwei Seiten, und Sie können sich für eine entscheiden: für das Hinderliche oder für das Förderliche.

Das Hinderliche und das Förderliche

Die meisten Menschen sind der festen Überzeugung, daß um sie herum das Hinderliche, das Böse, das Schlechte überwiegt. Sowohl an Quantität wie auch an Qualität. An der zahlenmäßigen Überlegenheit des Hinderlichen liegt es, daß ihnen selbst so wenig gelingt. Tatsächlich sind in der Welt da draußen das Förderliche und das Hinderliche zu gleichen Teilen vorhanden. Das Hinderliche wird auch erst dann gänzlich verschwinden, wenn kein einziger

Mensch mehr an die Kraft des Hinderlichen glaubt.

Was dagegen in Ihrer eigenen Welt existiert und was nicht, das ist allein Ihnen überlassen. Es hängt ausschließlich davon ab, auf was Sie Ihre Aufmerksamkeit richten. Sie können sich entscheiden, auf welche Seite Sie Ihren Fokus richten. Denken Sie daran, was ich Ihnen von der Frau im Kampfmodus berichtet habe: Ich habe mich entschieden, ihr nicht Gleiches mit Gleichem heimzuzahlen und die hinderliche Seite nicht zu unterstützen. Ich habe das Förderliche im Blick, wenn ich ihr mit meinem Lächeln stetige, liebevolle Anstöße gebe, damit sie aus ihrem emotional fixierten Teufelskreis vielleicht eines Tages ausbrechen kann.

Treffen Sie also auf jemanden, der sich gegen Ihre positive Art zu denken und zu handeln, sperrt: Sehen Sie dies als seine Entscheidung an. Treffen Sie Ihre Entscheidung für das Förderliche. Eines ist sicher: Wenn Sie Ihre Aufmerksamkeit bewußt und bereitwillig auf dieses Förderliche lenken, werden Sie auch Förderliches in Ihr Leben bringen. Erinnern Sie sich: Das, was Sie denken, wird geschehen. Wenn Sie dem Hinderlichen Raum in Ihren Gedanken geben, wird Hinderliches passieren. Geben Sie dem Förderlichen Raum, wird Ihnen Förderliches begegnen.

Ich möchte Ihnen an einem Beispiel demonstrieren, wie Sie mit diesem unterschiedlichen Fokus die Welt einmal hinderlich und einmal förderlich erleben können. Stellen Sie sich folgende Situation vor: Ein Passant wirft Ihnen grundlos im Vorbeigehen eine unfreundliche Bemerkung zu. Wie reagieren Sie?

- Sind Sie auf das Hinderliche in der Welt eingestellt und daher sicher, daß dieser Mensch Ihnen persönlich schaden will, reagieren Sie emotional mit Wut und denken: ‚Was für ein gemeiner Mensch. Ich habe das Recht, ihn ebenfalls gemein zu behandeln, um mich zu wehren.' Sie schicken ihm Flüche und Beschimpfungen hinterher und fühlen sich schlecht.

- Sind Sie auf das Förderliche in der Welt eingestellt, nehmen Sie die Augenringe des Passanten wahr, seinen schleppenden Gang und seine hängenden Schultern. Sie spüren Mitgefühl. Sie denken: ‚Der Arme, er scheint von irgendetwas mitgenommen zu sein.' Sprechen Sie ihn darauf an und öffnen ihm damit einen Weg aus seiner negativen Emotion.

Den Unterschied macht Ihr bewußter Umgang mit der Situation und wie Sie sie wahrnehmen. Haben Sie sich für das Förderliche in Ihrer Welt entschieden, sehen Sie

sie tatsächlich mit anderen Augen.

Diese andere Sicht bewahrt Sie auch vor einer typischen Falle im Umgang mit anderen Menschen: vor dem Vor-Urteil. Treffen Sie auf einen Menschen, hat Ihr Denksystem sofort eine Schublade für ihn bereit: Der sieht so aus oder verhält sich so, also ist er so und nicht anders. Auf der Schublade steht nicht: „Der könnte so sein", sondern darauf steht: „Der ist so." Genau mit dieser Wertung gehen Sie der betreffenden Person entgegen, und genau diese Wertung bestimmt Ihre weitere Wahrnehmung.

Begegnen Sie dem anderen bewußt, denken Sie: ‚Aha, er verhält sich unhöflich. Es könnte sein, daß er ein ungehobelter Klotz ist. Es könnte aber auch sein, daß ihn gerade große Sorgen plagen. Er ist jedenfalls in einer negativen Emotion gefangen, die ihn nicht glücklich macht.' Damit bleiben Sie offen für eine wertfreie weitere Wahrnehmung.

Die eigene Voreingenommenheit zu überwinden hilft Ihnen, bewußter und schneller Ihre Aufmerksamkeit auf das Gute und für Sie Förderliche zu lenken. Und zwar ganz unabhängig davon, welche konkreten Reaktionen Sie von Ihrer Umwelt erhalten.

Die beiden Gestalten sind immer noch auf dem hellen Band durch den Park unterwegs. Das Hündchen hat für sich beschlossen, daß es die interessanten Stellen des Rasens ein anderes Mal erkundet, und trottet entspannt neben dem Paar her. „Ich möchte Sie ja nicht enttäuschen", sagt der Herr gerade, „aber ich glaube nicht, daß Ihnen jetzt schon alles klar ist. Fragen Sie sich nicht, warum es im Gespräch mit Ihrer Schwester überhaupt dazu gekommen ist, daß Sie glaubten, unfreundlich sein zu müssen?"

„Doch", sagt Claudia nachdenklich. „Bin ich schuld, daß meine Schwester patzig reagiert hat? Ich war doch so freundlich." Er schüttelt den Kopf: „Sie wissen doch: Das hat nichts mit Schuld zu tun. Ich nehme an, Sie wollten fragen, ob Sie für die Reaktion Ihrer Schwester die Ursache sind. Nein, das sind Sie nicht. Jeder ist für sein Handeln selbst die Ursache, auch Ihre Schwester."

„Aber warum hat sie dann so reagiert?" „Das kann ich Ihnen nicht sagen. Ich kenne Ihre Schwester nicht. Ich kann Ihnen aber sagen, daß Sie selbst durchaus Verantwortung tragen. Sie selbst waren es, der sich der Reaktion Ihrer Schwester ausgeliefert hat."

„Ich?" Claudia bleibt entrüstet stehen. „Was hätte ich denn machen sollen? Mir die Ohren zuhalten?" „Sie brauchen

nicht stehenzubleiben", sagt der Mann und verlangsamt seinen Schritt nur kurz.

"Ich bin sicher, Sie können sich auch im Gehen einiger Dinge bewußt werden." Gehorsam nimmt sie ihre Schritte wieder auf. Sie fragt: "Also gut. Was meinen Sie damit, daß ich mich der Reaktion ausgeliefert habe? Ist das nicht immer so in einem Gespräch? Der eine sagt etwas und der anderen reagiert darauf?"

"Nicht zwangsläufig", erklärt er in geduldigem Ton. "Es ist nur dann so, wenn Sie mit einer bestimmten Absicht handeln. Verhalten Sie sich zum Beispiel freundlich mit dem Ziel, daß Ihre Schwester freundlich reagiert – dann sind Sie enttäuscht, wenn sie das nicht tut. Auf diese Weise hat sie es in der Hand, Sie zufrieden oder unzufrieden zu machen – nicht Sie selbst. Sie haben sich ihr ausgeliefert."

Claudia bohrt die Hände in ihre Hosentaschen. Sie geht in Gedanken das Telefongespräch durch: War das so? Sie kommt zu keinem klaren Schluß, sondern zu einer Frage: "Gesetzt den Fall, das ist so: Wie kann ich mich dagegen wehren?"

Der Herr lacht leise und sagt: "Wieso glauben Sie immer, daß Sie sich wehren müssen? Wenn Sie vorausdenken und bewußt handeln, gibt es überhaupt keinen Grund dafür. Sie wissen doch schon: Sie sind voll und ganz für Ihr Handeln verantwortlich – aber eben nur für Ihres. Lassen Sie deshalb den anderen die Freiheit, so zu handeln, wie sie es für sich verantworten wollen."

"Was heißt das konkret? Was soll ich tun?" fragt sie. "Ganz einfach: Handeln Sie mit einem Ziel, aber nicht mit einer Absicht."

~

Die Regeln des Universums

Ich gebe zu, es ist leicht zu verwechseln: Ich fordere Sie auf, bewußt über die Konsequenzen Ihres Handelns nachzudenken und die Handlungsoption zu wählen, die für Sie förderlich ist. Das klingt im ersten Moment, als würde ich Ihnen empfehlen, in einer gewissen Absicht zu handeln.

Tatsächlich ist das Gegenteil der Fall! Handeln Sie in einer bestimmten Absicht, machen Sie Ihren Erfolg von dem Eintreten der Absicht abhängig – also von der Reaktion der anderen. Die Stillung eines natürlichen Bedürfnisses passiert aber nie durch andere, sondern immer nur durch Sie selbst.

Es ist Ihr Geben, Ihr Handeln, das Ihrer Natur entspricht, was zu Ihrem wahren Wohlbefinden führt. Nicht der Applaus der anderen – der ist immer wankelmütig und trügerisch. Mehr Freiheit, mehr Zufriedenheit, mehr Selbstbestimmung erhalten Sie nur, wenn Sie zwar bewußt auf ein Ziel hinsteuern, aber absichtslos denken und handeln. Nur so werden Sie wahrhaft unabhängig von Ihrem Umfeld.

Mit dem bewußten Denken, Sprechen und Handeln bringen Sie sich in einen Zustand der Absichtslosigkeit. Der erlaubt es Ihnen, ganz bei Ihren natürlichen Gefühlen und Bedürfnissen zu bleiben. Sie sind autark und können sich von den emotionalen Reaktionen der anderen freimachen.

Der Unterschied ist sehr wichtig, deshalb möchte ich ihn noch mal deutlich machen:

- Absicht: Bei der Absicht ist für Ihren Erfolg entscheidend, ob Sie Ihr festgelegtes Ziel erreichen. Tritt das Ziel nicht in der erwarteten Weise ein, ist die Absicht gescheitert, und es stellt sich automatisch Enttäuschung ein. Dieses „Gefühl" ist nichts anderes als eine erlernte emotionale Reaktion. Sie deutet auf das normative Denkmuster hin, das hinter Ihrer Absicht steht: Ich gebe, also muß ich auch kriegen. Damit begeben Sie sich in eine emotionale Abhängigkeit zu Ihrem Gegenüber. Sie haben es nicht in der Hand, ob Ihr Handeln Sie zufrieden macht oder nicht. Sie machen den Weg zum Ziel!

- Bewußtes Bedenken der Konsequenzen Ihres Handelns: Sie überblicken die Folgen Ihrer Handlung, entscheiden sich für die förderlichste Variante und handeln danach. In diesem Moment haben Sie Ihrem natürlichen Bedürfnis entsprochen und zu Ihrer eigenen Zufriedenheit entschieden. Ob die Situation nun genauso verläuft, wie Sie sich das gedacht haben, oder nicht, ist nicht mehr entscheidend. Sie können innerlich gespannt dem Geschehen folgen und – gelenkt von einem Fokus auf das Förderliche – das Ergebnis wahrnehmen.

Klingt das für Sie zu abgehoben? Ich kann Ihnen nur raten: Erleben Sie selbst den Unterschied. Ich kann nicht mehr tun, als Ihnen diese causalen Informationen zu geben. In Wissen können nur Sie selbst es verwandeln, indem Sie sie entsprechend leben.

Für mich sind alle Prinzipien, die ich Ihnen in diesem Buch vermittle, von Kindesbeinen an gelebte Information. Sie wurden mir schon in frühester Kindheit von meinem Großvater vermittelt. Er nannte sie die „Regeln des Universums". Ich höre noch heute, wie er zu mir zum Beispiel sagte: „Bei allem, was Du tust, überlege Dir, wie es sich auswirken wird. Damit es leichter wird, schaue auf das, was Du tust. Bedenke es vorher gründlich, und wenn Du es einem erzählst, bedenke die Wörter, die Du benutzt. Die Wörter, die Du benutzt, spiegeln das, was Du tust. Sie sind die Ursache für das, was Du tust, und damit die Ursache für das Ergebnis."

Mein Großvater war ohne Zweifel ein kluger, ja sogar ein weiser Mann. Von ihm habe ich alle grundlegenden Einsichten, die mich bis heute leiten. Dafür bin ich heute noch dankbar. Ich habe bei meinem Schriftenstudium der unterschiedlichsten Philosophien, Religionen und Wissenschaften seine Erkenntnisse wiedergefunden. Manches habe ich konkretisiert, manches auf unser heutiges Leben übertragen.

Ich kann Ihnen deshalb versichern: Sie können bewußt absichtslos handeln und infolgedessen – unabhängig von Ihrer Umwelt – Ihr Bewußtsein und Ihr Leben immer mehr auf das Gute und Förderliche dieser Welt richten. Je mehr Sie dies umsetzen und mit erlebten, von Ihnen positiv bewerteten Informationen Ihr Bewußtsein ändern, desto mehr wird Ihre Welt sich zum Guten entwickeln.

Das ist ein causales Gesetz. Es lautet: Bringen Sie Gutes in die Welt, wird die Welt Gutes zu Ihnen zurückbringen.

Wie Sie die Gültigkeit dieses Gesetzes prüfen? Ich sagte schon: Indem Sie es erleben. Nur über das konkrete Erleben ändert sich Ihre bewußte Sicht auf die Welt – und damit die Welt selbst. Es sind nicht die anderen, die Ihnen die gute Welt zu Füßen legen. Sie selbst sind es, der das tut. Was Sie dafür noch brauchen, erfahren Sie in den nächsten Kapiteln.

―

„Wenn ich Ihnen zuhöre, klingt das alles so einfach. So logisch", sagt Claudia nachdenklich. „Es beruht ja auch alles auf causalen Zusammenhängen", antwortet der Herr. „Die sind einfach und kompliziert zugleich. Wie das Universum eben auch."

Die beiden stehen an einer Weggabelung unweit der Ulme. Claudia hat das Gefühl, dass es eine Ewigkeit her ist, daß sie sich durch den Mauerspalt in seinem Schatten gequetscht hat.

Auch das Hündchen meint, daß sie nun weit genug spaziert sind. Es hat sich, kaum daß sie stehengeblieben sind, niedergelassen und den Kopf auf die Pfoten gelegt. „Ich glaube fast, er ist müde", sagt der Mann mit Blick auf das Tier. "Na, dann wollen wir mal nach Hause gehen."

"Ja, es muß schon spät sein", Claudia nickt. Da fällt ihr etwas ein: "Sind Sie übrigens auch durch den Spalt in der Mauer gekommen?" Ihr Blick sucht auf seinem feinen Anzug nach Spuren. "Nein", sagt er lächelnd. "Ich habe einen eigenen Zugang." "Kann ich den auch nehmen? Vielleicht ist der nicht so eng." "Nein, leider nicht", erwidert er bedauernd. "Jeder muß seinen eigenen passenden Zugang finden."

"Aber ich bin doch durch einen Zugang hereingekommen. War das meiner?" fragt sie erstaunt. "War dieser Zugang passend für Sie?" "Nein, nicht so richtig", sagt Claudia und schaut auf ihre verschmutzte Hose. Er nickt und sagt: "Da war jemand nett und hat Ihnen seinen Zugang gezeigt, weil Sie Ihren noch nicht gefunden haben."

"Gibt es denn so viele Zugänge hier?" fragt Claudia. Sie schaut sich verwundert um. Sollte die Parkmauer an so vielen Stellen verfallen sein? Das ist ihr noch gar nicht aufgefallen.

"Jeder, der wahrhaft einen finden möchte, kann ihn finden", sagt er und bekräftigt, zufrieden lächelnd: "Wirklich jeder." Er beugt sich zu dem Hündchen und sagt: "Du darfst schon mit durch meinen Zugang. Hunde sind erlaubt." Der Terrier ist

aufgestanden und zieht ein wenig an der Leine. Er scheint die Richtung zu kennen.

Der Mann wendet sich Claudia zu, deutet eine Verbeugung an und sagt: „Nun denn, Gute Nacht. Oder besser gesagt: Guten Morgen. Wenn ich mich nicht täusche, wird es bald dämmern."

Er legt die Hand an sein Ohr und fügt hinzu: „Hören Sie, wie die Vögel schon den Sonnenaufgang herbeizwitschern?" Claudia sieht sich um und lauscht andächtig. Tatsächlich füllt sich die Luft immer mehr mit Vogelgesang. Er scheint immer mehr anzuschwellen, bis er fast ohrenbetäubend ist. Sie atmet tief ein. Wie schön diese Welt ist. „Wunderbar, nicht wahr?" sagt sie und dreht sich um, aber der Herr mit dem Hündchen ist weg.

‚Ich weiß immer noch nicht seinen Namen', denkt sie. Es ist wie eine Feststellung. Ohne Bedauern. Ohne Bitterkeit. Es ist einfach so.

Prinzip

---

*Bewusstes Denken,
Sprechen und Handeln*

Mein Denken bestimmt
meine Wörter,
meine Wörter bestimmen
mein Handeln

Wie Sie zum Meister werden

Sie haben nun bereits eine Menge Informationen von mir erhalten: Sie haben erfahren, wieso alles, was Ihnen in dieser Welt begegnet, von Ihnen ausgeht. Wieso Ihnen das Gegenwartsbezogene Denken hilft, sich Ihrer Denkweise und Ihrer Gefühle bewußt zu werden. Wieso Sie vorherdenken und vorformulieren sollten. Wieso die Prüfung der Bereitschaft so wichtig ist. Wieso bewußtes Denken, Sprechen und Handeln Hand in Hand gehen auf Ihrem Weg zu einem freieren, erfüllteren und selbstbestimmten Leben. Und doch spüren Sie noch Grenzen, wenn Sie mit anderen Menschen in diesem Sinne interagieren. Die Frage ist: Woran liegt das?

Die Antwort darauf ist einfach, und Sie kennen sie schon: Sie selbst sind die Ursache, es liegt an Ihnen. Es gibt da offensichtlich ein Element, an dem Sie noch arbeiten sollten. Sie wissen ja: Es sind nicht die anderen, die sich verändern müssen, damit Ihre Welt in Ordnung kommt.

Die anderen sind in Ordnung, so wie sie sind und wie sie Ihnen Tag für Tag begegnen. Sie können ihnen auch nicht ausweichen, denn ein autarkes Einsiedlerleben ist nicht die Lösung für Ihre Lernprozesse oder Schwierigkeiten. Denen würden Sie damit nur aus dem Weg gehen, sie aber niemals lösen. Sie kommen also ständig mit den anderen zusammen. Tatsächlich kommen Sie nicht nur mit ihnen zusammen, Sie brauchen sie auch, und zwar selbst in den alltäglichsten Situationen:

- Wenn Sie einkaufen gehen, brauchen Sie jemanden, der an der Kasse sitzt.

- Wenn Sie Brot haben wollen, brauchen Sie einen Bäcker.

- Sie haben gesundheitliche Probleme? Sie brauchen einen Arzt.

- Wenn Sie zum Arzt fahren, brauchen Sie ein Auto – und dazu den Ingenieur, der es konstruiert, die Arbeiter, die es zusammenbauen, den Mechaniker, der es wartet. Oder wenn Sie kein Auto, sondern die öffentlichen Verkehrsmittel nutzen: Die muß auch jemand steuern.

- Besonders in Ihrer Arbeit sind Sie auf die Kooperation mit anderen angewiesen. Ob es um die Beschaffung, Bearbeitung oder Weitergabe von Rohstoffen, Bauteilen, Fachwissen, Ideen und Technologien geht – alles ist mit einem engen zwischenmenschlichen Austausch verbunden.

- Von den Beziehungen in Ihrem sozialen Umfeld ganz zu schweigen.

Was immer Sie in Ihrem Leben und in dieser Welt erreichen wollen, Sie können es nicht allein. Heute weniger denn je. Nur im Zusammenspiel mit anderen können Sie Ihr Leben erfolgreich und glücklich gestalten. Deshalb brauchen Sie dieses Element, das Ihnen hilft, in Ihr bewußtes Denken, Sprechen und Handeln auch den Umgang mit anderen einzubeziehen.

Claudia steht am Fenster ihres Büros und blickt hinüber zum Park. ‚Wie schnell dieser Sommer vergangen ist', denkt sie. ‚Da drüben färben sich tatsächlich schon die ersten Blätter.'

Sie wendet sich ihrem Schreibtisch zu. Mit der Hand fährt sie über den kleinen silbernen Bilderrahmen, der darauf steht. Darin ist keines der üblichen Familienfotos, sondern ein Schriftzug in verbundenen Buchstaben:

Ich bin die Ursache.

Sie lächelt. ‚Wahrscheinlich vergeht die Zeit so schnell, weil sich soviel geändert hat. Weil ich mich so geändert habe', denkt sie. Erst gestern hat ihr Mann zu ihr gesagt: „Claudia, weißt du, daß wir uns seit Wochen nicht mehr gestritten haben? Das ist ganz ungewohnt."

Ein leises Klopfen reißt sie aus ihren Gedanken. „Ja, bitte", sagt sie laut und räuspert sich. Sie konzentriert sich bewußt darauf, wieder ganz in der Gegenwart zu sein. Frau Helferich steckt den Kopf durch die Tür: „Roberto Wenig, der Anwalt der Firma Lento ist da. Sie wollten mit ihm über den Vergleich sprechen."

Claudia antwortet freundlich: „Vielen Dank. Bitte führen Sie ihn ins Besprechungszimmer. Ich komme gleich nach. Drücken Sie mir die Daumen, daß wir zu einem guten Ergebnis kommen. Das ist extrem wichtig."

„Gerne", sagt die Assistentin, hebt eine Hand und klemmt ihren Daumen demonstrativ fest ein, sie lächelt und zieht die Tür hinter sich zu.

Claudia schließt die Augen. ‚Also', repetiert sie innerlich, ‚wie wird die Situation verlaufen?'

Sie stellt sich vor, wie sie als „Gastgeberin" das Gespräch freundlich eröffnet, den Standpunkt ihres Mandanten vorstellt und sich dann den Standpunkt der gegnerischen Partei schildern läßt. Das wird wohl ein kritischer Moment werden: Die Forderungen werden vermutlich weit auseinanderliegen, die Argumente des Gegenübers hanebüchend sein. In ihr wird die Streitlust hochkochen. Und dann?

Sie könnte entweder ihrer Emotion nachgeben und hart in den Clinch gehen oder sie wahrnehmen, sie beiseitelegen und sachlich-freundlich die Punkte zerlegen und nach einer für beide Seiten vertretbaren Lösung suchen.

Ja, so würde sie es machen. In diesem Bestreben würde sie sprechen und handeln. Sie denkt: ‚Mein Ziel ist eine Lösung, bei der wir beide anschließend zufrieden den Raum verlassen.'

Sie macht eine Kopfbewegung, als würde sie sich selbst aufmunternd zunicken, nimmt die bereitgelegte, dicke Akte vom Tisch und macht sich auf zum Besprechungszimmer.

Sie spürt, wie angenehm weich die Schritte auf dem dicken Teppich in der Kanzlei federn. ‚Ich könnte den ganzen Tag hier auf und ab gehen, so herrlich ist dieses Gefühl', geht es ihr durch den Kopf, ‚und ich freue mich auf das Gespräch jetzt.'

Sie betritt den Raum, in dem der große, dunkle Eichentisch steht. Der verströmt die Aura der Werte, für die diese Kanzlei steht: grundsolide, unerschütterlich, ein Fels in der Brandung. An diesem Tisch sitzt ein dünner, junger Mann mit auffallend blasser Haut und akkuratem Haarschnitt. Er wirkt fast verloren an dem massiven Rund des Tisches. Er ist gerade dabei, seinen Füllfederhalter sorgsam im 90-Grad-Winkel zu seinem Aktenordner auszurichten. Als Claudia auf ihn zugeht, schreckt er hoch. Dabei verschiebt sich der Füller ein wenig. Der junge Mann kann sich einen Moment lang nicht entscheiden, ob er zuerst das Schreibgerät wieder in die korrekte Lage bringen will oder ob er sich erheben soll, um Claudia zu begrüßen.

Er entscheidet sich für die Begrüßung und streckt ihr zögernd die Hand entgegen. ‚Oh, die fühlt sich an wie warmer Wackelpudding', denkt sie, als sie seine Hand schüttelt.

„Guten Tag, Herr Wenig", sagt Claudia dennoch strahlend. „Vielen Dank, daß Sie hergekommen sind. Es läßt sich im persönlichen Gespräch doch vieles leichter klären, nicht wahr?" Er nickt nur.

Sie zieht sich den Stuhl, der neben seinem steht, und setzt sich. Er läßt sich ebenfalls wieder nieder, doch rutscht er mit seinem Stuhl etwas von ihr ab. Sein Blick fällt erneut auf seinen Füller. Verstohlen fährt er die Hand aus, um die Ausrichtung zu korrigieren, aber dann richtet er seinen Blick wieder zurück auf Claudia.

Die hat gewartet, bis er den Augenkontakt hergestellt hat, und denkt sich: ‚Okay, er ist bereit. Ich bin bereit,' und dann legt sie los. Mit ihrem schönsten Lächeln schildert sie die Sachlage und die Sicht ihres Klienten darauf. Sie erläutert den Einigungsvorschlag, der sich aus ihrer Sicht ergibt, und legt die damit verbundenen Vorteile für die Gegenseite dar. Sie sprüht vor Freundlichkeit, sie schwärmt geradezu von der wunderbaren Lösung.

Roberto Wenig hört ihr mit ausdruckslosem Gesicht zu. Als Claudia ihm aus ihrer inneren Begeisterung heraus kurz den Arm tätschelt, zuckt er zurück, als hätte sie ihn geschlagen. Als sie dann auch noch ihre Akte aufschlägt und dabei an seinen Füllfederhalter stößt, versteift er sich komplett.

Er richtet sich auf und sagt heftig: „Frau Wehrla, es reicht. Sie wollen offensichtlich meinen Mandanten über den Tisch ziehen. Das übertünchen Sie mit einem unerträglichen Maß an Schleimerei. Aber ich habe Sie durchschaut: Sie sind eine aufdringliche falsche Schlange und haben in Wahrheit keine Ahnung von der Sache."

Mit einer heftigen Bewegung steht er auf, so daß sein Stuhl fast umfällt, und schnappt sich seinen Ordner. Mit der anderen Hand nimmt er vorsichtig seinen Füllfederhalter auf und schiebt ihn fast zärtlich in die Brusttasche seines Jacketts.

„Ich werde meinem Mandanten raten, sich auf keinerlei Vergleich mit Ihnen einzulassen", sagt er knapp und deutet eine

Verbeugung an. „Bemühen Sie sich nicht, ich finde den Weg nach draußen allein." Er rauscht hinaus. Claudia bleibt wie vom Donner gerührt auf ihrem Stuhl sitzen.

„Was war das denn?" fragt die Assistentin, die mit großen Augen hereinschaut. „Der hat grußlos seinen Mantel von der Garderobe gerissen und hat die Tür hinter sich zugedonnert." „Ich habe keine Ahnung", murmelt Claudia. „Irgendetwas ist schiefgelaufen."

~

In meinen Seminaren hole ich an dieser Stelle gerne einen weichen Ball hervor. Ich stelle mich vor einen der Teilnehmer, der in der ersten Reihe vor mir sitzt. Ich vollführe eine kleine, angedeutete Wurfbewegung und sehe ihn aufmunternd an. Erwidert er meinen Blick aufmerksam und offen, werfe ich den Ball tatsächlich. Ich lege aber so viel Schwung in den Wurf, daß die Kugel schnell und hoch über seinem Kopf in den Raum dahinter saust.

Der Teilnehmer streckt sich zwar, aber er hat keine Chance, den Ball zu erwischen. Enttäuscht schaut er zunächst dem Ball hinterher und mich dann mit großen Augen an.

Ich frage ihn: „Waren Sie bereit, den Ball zu fangen?" Er nickt. „Wie haben Sie sich gefühlt, als der Ball so hoch über Ihrem Kopf an Ihnen vorbeigeschossen ist?" frage ich weiter. „Nicht gut", antwortet er.

Ich nicke und nehme den Ball, den mir einer meiner Assistenten wieder nach vorne gebracht hat, wieder in die Hand. Ich stelle mich auf wie zuvor und sehe den gleichen Teilnehmer wieder freundlich an. Er setzt sich aufrecht hin und hebt schon erwartungsvoll die Hände leicht an. Diesmal werfe ich den Ball mit äußerst wenig Kraft, und prompt fällt er weit vor dem Teilnehmer zu Boden. Der bückt sich noch nach vorne, doch vergeblich.

„Haben Sie sich jetzt besser gefühlt?" frage ich ihn. Er verneint. „Gut", sage ich. „Lassen Sie uns es ein letztes Mal versuchen."

Ich nehme den Ball, stelle mich gerade hin, nehme Blickkontakt auf – und werfe den Ball mit wohl dosierter Kraft in sanftem Bogen direkt in den Schoß des Teilnehmers. Der strahlt, nimmt den Ball in die eine Hand und zeigt ihn stolz den anderen Teilnehmern. Oft brandet an dieser Stelle sogar ein wenig Applaus auf, weil alle im Saal Erleichterung spüren. „Wie war Ihr Gefühl nun?" frage ich den Fänger, und er erwidert: „Sehr gut."

„Genau das ist es, was ich Ihnen demonstrieren wollte."
Mit diesen Worten wende ich mich dann wieder dem
Auditorium und in diesem Fall Ihnen, liebe Leserin oder
lieber Leser, zu.

Was ich mit diesem Ballspiel zeige, ist folgendes: Ich weiß,
was ich an meinen Gesprächspartner übergeben möchte.
Das habe ich mir vorab über mein bewußtes Denken klargemacht und die passenden Wörter dafür gefunden – das
ist mein Ball. Ich habe mir die entsprechende Handlung
dazu überlegt – das ist mein Vorhaben, den Ball durch
einen Wurf zu übergeben. Ich habe dann sowohl meine
Bereitschaft zu geben wie die Bereitschaft des Teilnehmers zu nehmen durch Blickkontakt überprüft. Bis dahin
habe ich alles richtig gemacht. Doch ist die Übergabe nicht
gelungen, weil noch mehr nötig ist, um meinem Gegenüber das Fangen des Balls zu ermöglichen. Es bedarf der
richtigen Intensität.

Noch etwas wird an der Ballübung deutlich: Mit der
falschen Intensität erreiche ich mein Ziel nicht, daß der
Teilnehmer den Ball entgegennehmen kann. Ich habe in
ihm das Bedürfnis geweckt, den Ball zu fangen, indem
ich seine Bereitschaft aktiv geweckt und geprüft haben.
Dieses Bedürfnis lasse ich bei meinen Versuchen mit der
falschen Intensität ungestillt. Der Teilnehmer fühlte sich

unbefriedigt, denn ihm schien es so, als hätte ich ihn in seinem Bedürfnis nach einer bestimmten Intensität nicht wahrgenommen. Seine Erwartung, den Ball fangen zu können, wurde enttäuscht.

Das heißt: Mit der falschen Intensität erreichen Sie den Empfänger nicht. Der förderliche Effekt, den Sie erzielen wollten, bleibt aus. Darüber hinaus fühlt sich der Empfänger emotional negativ berührt, weil seine Erwartung unerfüllt bleibt. Sein Vorhang wird bei Ihren nächsten Handlungen dichter und abweisender sein als vorher.

Wer bestimmt?

Die Intensität ist ein Ausdruck des Wie einer Übergabe. Das kann zum Beispiel die Kraft sein, die Sie hineinlegen, oder die Art oder der Ton oder die Geschwindigkeit. Die Facetten des Wie sind ausgesprochen vielfältig.

Um ein ganz profanes Beispiel heranzuziehen: Möchte Ihr Chef von Ihnen die vorläufigen Umsatzzahlen des aktuellen Quartals aufbereitet haben, dann geht es auf der einen Seite um die Fakten, das Was. Auf der anderen Seite möchte er die Zahlen so präsentiert bekommen, daß er möglichst schnell die wichtigsten Eckpunkte erfassen und damit weiterarbeiten kann. Er kommt also mit einer für ihn übersichtlichen Aufbereitung besser zurecht, als wenn er sich den Zugang zu den Informationen erst selbst erschließen muß.

Welche Form für ihn übersichtlich ist, bestimmen nicht Sie, sondern er – denn das ist sehr individuell. Findet der eine Chef die farbige Hervorhebung von positiven und negativen Ausreißern in Rot und Grün perfekt, kommt der andere Chef vielleicht wegen seiner Rot-Grün-Blindheit damit gar nicht zurecht.

Sie sehen: Welche Intensität die richtige ist, liegt nicht in Ihrem Ermessen. Das hängt einzig und allein vom Bedürfnis Ihres Gesprächspartners ab.

Aus diesem Grund lautet das Prinzip der Intensität:

Der Empfänger einer Information bestimmt die richtige Intensität.

Die Steuerung der Intensität ist in den meisten Fällen nicht wie mit einem Schalter an- und auszustellen, sondern vielmehr wie mit einem stufenlosen Regler zu vergleichen. Die Skala reicht von maximaler bis minimaler

Stärke mit vielen, vielen Abstufungen dazwischen. Die richtige Intensität zu treffen ist daher mehr wie eine Feinjustierung, die dem aktuellen Verlauf eines Gesprächs oder einer Beziehung folgt, als daß eine fixe Einstellung auf einer Stufe vorgenommen wird.

In einem Gespräch ist es wichtig, die ungefähr richtige Intensität, die Ihr Gegenüber braucht, zu erfassen und dann aufzubringen. Wahrscheinlich werden Sie nicht sofort sein Bedürfnis treffen. Das ist erst einmal nicht schlimm, denn wenn Sie gegenwärtig genug bleiben, erkennen Sie an den Hinweisen Ihres Gesprächspartners, in welche Richtung Sie nachjustieren sollten. Das gilt nicht nur für den Beginn der Unterhaltung, sondern für die gesamte Dauer, denn die richtige Intensität ist kein gleichbleibender Zustand. Öffnet Ihr Gegenüber sich zum Beispiel während des Kontakts, erreichen ihn auch leisere oder lautere Töne. Ihre Gegenwärtigkeit ist deshalb in jedem Moment notwendig.

Denken Sie vorab nicht zuviel darüber nach, ob Sie die passende Intensität auch leisten können. Diese Frage stellt sich nämlich nicht. Haben Sie das richtige Maß erfaßt, dann können Sie es denken. Alles, was Sie denken können, können Sie auch erreichen. Das heißt: Machen Sie sich nicht in erster Linie Sorgen, ob Sie die richtige Intensität zustandebringen. Ihre ganze Aufmerksamkeit sollte Ihrem Bemühen gelten wahrzunehmen, welche Intensität Ihr Gegenüber braucht. Wie geht das?

—

‚Ich habe doch alles beachtet', denkt Claudia. Zum x-tenmal geht sie die Situation mit dem gegnerischen Anwalt durch: Sie war präsent gewesen, hat vorausgedacht, sich nicht aus der Ruhe bringen lassen, seine und ihre Bereitschaft geprüft und bewußt ihre Worte gewählt. Und doch: Katastrophe. Sie enttäuscht, der Chef sauer, die Assistentin verwundert. Oh Mann.

‚Immer wenn ich denke, ich hätte es kapiert, kommt so etwas vor. Ich bin unsicherer als vorher. Hätte ich dem so wie früher einfach unseren Standpunkt vor den Latz geknallt, hätte es zumindest nicht schlechter laufen können.' Claudia tigert durch ihr Büro. Sie fühlt sich jämmerlich.

Plötzlich reißt jemand die Tür auf, ohne anzuklopfen. Ihr Chef schaut herein und fragt barsch: „Sind Sie startklar?"

Claudia schaut erschrocken auf ihre Uhr. Den Termin hat sie ganz vergessen. Sie ärgert sich über sich selbst: Jetzt hat sie nicht einmal mehr ihre Termine im Blick. „Ich komme!" sagt sie eilig. „Ich hole nur noch die Akte." „Ach, vergessen Sie die Akte. Wir machen das Treffen mit Dr. Moric ja extra im Café vorne, damit es nicht so offiziell aussieht", erwidert er. „Beeilen Sie sich lieber."

Er wendet sich zum Gehen. Sie nickt und will hastig zur Tür. Prompt rempelt sie an die Kante ihres Schreibtischs. Sie unterdrückt einen Schrei und reibt sich stattdessen nur im Laufen den Oberschenkel. An der Garderobe kriegt sie mit ihren fahrigen Fingern kaum den Mantel vom Bügel. Sie hastet hinter ihrem Chef her und müht sich im Laufen, in den Mantel zu schlüpfen.

Draußen erwartet sie ein empfindlich kalter Wind. Claudia kämpft noch mit den Mantelknöpfen, während ihr Chef sie auf dem kurzen Weg zum Café am Rande des Parks noch mal instruiert: „Also, Herr Moric könnte einer unserer wichtigsten Klienten werden. Überzeugen Sie ihn von Ihrer Kompetenz. Ich möchte mich aus taktischen Gründen weitgehend raushalten."

Sie nickt und versucht, ihre Mantelschöße festzuhalten. Das haben sie ja alles schon genau besprochen. Sie haben gemeinsam überlegt, was Claudia sagen könnte, um Moric zu überzeugen: welchen Argumenten er wohl zugänglich ist, welche Fragen ihn bewegen, welche Referenzen ihm

Vertrauen geben könnten. Der eisige Wind fährt ihr in die Haare und läßt sie an den Ohren frieren. Sie ist froh, als sie in den geschützten Eingangsbereich des Cafés treten.

Im Raum selbst ist es warm. Ziemlich warm. Die Temperatur paßt zu dem leicht plüschigen Ambiente: die weinroten samtigen Bezüge der Stühle und Bänke, die weiß-goldenen Rückenlehnen. Die Batisttischdecken strahlen so weiß wie die gerüschten Vorhänge an den großen Fenstern, die den Blick in den Park freigeben.

Claudia versucht, ihr Haar ein wenig zu ordnen, nachdem sie ihren Mantel an der Garderobe aufgehängt hat. „Da drüben sitzt er", raunt ihr Chef ihr zu und macht eine Kopfbewegung hin zu einem der hinteren Tische.

Dort sitzt ein massiger Mann mit schwarzem, zu einem kurzen Zopf gebundenem Haar und Schnauzbart. Er hat einen Teller mit kaltem Braten vor sich stehen und schiebt sich gerade eine Gabel davon in den Mund. Er entdeckt sie und winkt ihnen heftig zu, während die Gabel noch in seinem Mund steckt.

Claudia streicht noch mal ihre Bluse glatt, während sie zu ihm hinübergehen. Er begrüßt sie mit dröhnender Stimme: „Das sind ja meine zwei Winkeladvokaten in spe." Er lacht laut über seine Worte.

Die Gabel hat er in der Mitte des Tisches abgelegt. Er hält zuerst Claudia die Hand hin und schüttelt sie so kräftig, daß ihr kurzzeitig die Luft wegbleibt.

Ihrem Chef haut er zur Begrüßung die Hand auf den Rücken und trompetet: „Setzen Sie sich. Setzen Sie sich. Wollen Sie auch etwas essen?" Die beiden nehmen Platz. „Nein, danke", sagt der Chef, der sich noch von dem Schlag erholt. Claudia schüttelt nur leicht den Kopf.

„So, nun schießen Sie mal los, was Sie so zu bieten haben." Freddi Moric lehnt sich zurück und schaut erwartungsvoll abwechselnd zu Claudia und zu ihrem Chef.

Das auffordernde Nicken ihres Chefs quittiert Claudia mit einem zurückhaltenden Lächeln. Sie räuspert sich und beginnt mit leiser Stimme zu sprechen. Sie bemüht sich um sprachliche Finesse und um sachliche Korrektheit im juristischen Detail. Schließlich sind Rhetorik und Präzision die Aushängeschilder eines guten Anwalts.

Der massige Mann runzelt die Stirn und schaut den Chef fragend an. Der aber konzentriert sich auf die Worte von Claudia. Schließlich beugt sich Freddi Moric über den Tisch zu ihr hin und unterbricht sie: „Ich verstehe Sie nicht. Reden Sie deutsch mit mir, und ein bißchen lauter."

Sie läuft rot an und stottert: "Ähm, äh, ja. Ich versuche es." Sie drückt sich an die Lehne ihres Stuhls und setzt noch mal an. Sie verhaspelt sich, verliert den Faden und versucht sich, mit einem schüchternen Lächeln aus der peinlichen Situation zu befreien.

Freddi Moric hat inzwischen die Hand gehoben und mit einem lauten "Zahlen!" die Serviererin an den Tisch beordert. Er drückt ihr einen Schein in die Hand und beachtet Claudia gar nicht mehr. Er erhebt sich schnaufend, klopft zum Abschied mit den Fingerknöcheln auf den Tisch und verläßt ohne ein weiteres Wort das Lokal.

"Claudia, was ist nur mit Ihnen los?" zischt ihr Chef ihr zu. "Das war alles andere als überzeugend." Er steht auch auf und sagt: "Wir sehen uns später." Schon ist er verschwunden.

Claudia sitzt wie ein Häufchen Elend auf ihrem Stuhl. Das war ja wohl der absolute Tiefpunkt. Den zweiten Auftrag hintereinander vergeigt. Nur weil sie sich überhaupt nicht mehr auskennt.

Ach, wäre sie dem alten Mann doch nicht begegnet. Da spürt sie ein Stupsen an ihrem Bein und hebt die Tischdecke an, um zu sehen, was da ist. "Du?" sagt sie verblüfft. "Was machst denn du hier?" Der kleine Terrier wackelt mit dem Schwänzchen und schaut sie erwartungsvoll an.

„Bist du allein hier?" fragt sie und denkt gleichzeitig: ‚Wie kann ich so etwas ernsthaft fragen? Ich habe langsam wirklich einen Schuß.' Sie richtet sich auf und sieht sich suchend in dem Café um. Richtig: Am anderen Ende des Raums, direkt am Fenster, sitzt der Herr aus dem Park und schaut sie freundlich an.

Soll sie wirklich hinübergehen? Gerade noch hat sie sich gewünscht, ihn nie getroffen zu haben. Seitdem sie ihn kennt, ist so ziemlich alles ins Wanken geraten. Ihre alte Sicherheit, die alte Claudia, die alte Durchsetzungskraft – alles weg. Sicher hat es großartige Momente gegeben in der Zwischenzeit, sie hatte das Gefühl, daß sich ihr ganz neue Möglichkeiten eröffnen. Sie hat im Moment den Eindruck, daß nur noch Trümmer vor ihr liegen.

Sie seufzt. Wenigstens verabschieden will sie sich. Sie erhebt sich und geht zu ihm hinüber. Das Hündchen hüpft freudig vor ihr her und schlüpft unter den Tisch seines Herrchens. Claudia legt eine Hand auf den Stuhl ihm gegenüber und fragt: „Darf ich mich setzen?" Er erwidert: „Sehr gerne." Er macht seine einladende Handbewegung, die sie schon so gut kennt.

Nachdem sie sich gesetzt hat, fragt er: "Wie geht es Ihnen?" Es klingt so gar nicht nach der üblichen Floskel, sondern so, als wollte er es wirklich wissen. Sie schaut ihn an, und ihre Augen füllen sich mit Tränen. Sie schluckt und sagt: "Schlecht. Es wird alles immer schlimmer." "Was empfinden Sie alles schlimmer?" fragt er, und Claudia erzählt ihm von den beiden Erlebnissen.

"... und dabei war ich so sicher, daß ich alles richtig gemacht habe", beendet sie ihren Bericht, der immer wieder von kleinen Schluchzern unterbrochen wurde. Das Hündchen hat sich unter dem Tisch niedergelassen und den Kopf auf ihren Füßen abgelegt.

"Sie haben auch schon viel richtig gemacht", sagt der Herr beruhigend. "Sie haben sich bisher auf Ihre Bedürfnisse beim Geben konzentriert – und das war ein wichtiger Lernschritt. Meinen Sie nicht, daß sich an Ihrer Bewußtheit schon viel verändert hat?"

Claudia spürt das Gewicht des Hundeköpfchens auf ihren Füßen. Sie fährt mit der Hand über die kühl-glatte Oberfläche der Tischdecke. Dann schaut sie ihrem Gegenüber direkt in die Augen und hat das Gefühl, darin zu versinken. "Ja, es hat sich viel verändert", sagt sie leise. Er nickt und sagt: "Und nun ist es an der Zeit, den Blick zu heben. Damit die anderen Ihre

Gaben annehmen können, genügt nicht allein deren Bereitschaft. Jeder von ihnen hat auch bestimmte Bedürfnisse, die ihm das Nehmen erst ermöglichen."

~

Daneben

Damit Sie ein Gefühl für das bekommen, was ich mit zu starker oder zu schwacher Intensität meine, will ich Ihnen zunächst verschiedene Beispiele dafür geben. Weil sich die Intensität an dem Eindruck des Empfängers bemißt, möchte ich sie aus dessen Sicht schildern.

Stellen Sie sich also vor, Ihr Gegenüber wählt eine *zu starke Intensität.* In dieser Situation fühlen Sie sich mit ihm nicht wohl, weil er

- zu schnell spricht und Sie kaum hinterherkommen.

- zuviel spricht und Sie kaum zu Wort kommen.

- zu laut spricht und Ihnen die Ohren weh tun.

- laufend die räumliche Distanz, die Ihnen angemessen scheint, unterschreitet und Ihnen zu nahe kommt.

- Ihre Hand nach seinem überfesten Händedruck schmerzt.

- Ihnen intime Informationen aus seinem Privatleben erzählt, die Sie gar nicht wissen wollen.

- sich in dem sachlichen Rahmen, in dem Sie sich befinden, unangemessen extrovertiert und überschwenglich gibt.

- in Ihren Augen maßlos übertreibt und sich nicht bremsen kann.

- sich in Dinge einmischt, die ihn aus Ihrer Sicht nichts angehen.

- Sie laufend drängt.

Die Gründe dafür, daß Ihr Gesprächspartner mit einer solch hohen Intensität auftritt, sind ganz verschieden. Vielleicht entspricht eine überstarke Intensität einfach seinem Naturell, oder er hat ein großes Anliegen und daher die unbedingte Absicht, Sie davon zu überzeugen. Diese Absicht führt ihn in ein normatives Denken und in unkontrollierte Emotionalität. Bewußtes Denken, Sprechen und Handeln ist ihm damit verwehrt. Vielleicht aber ist die Intensität Ihres Gegenübers gar nicht so stark und es ist Ihre äußerst niedrige Intensitätsschwelle, die die Harmonie verhindert.

Der Effekt ist jedenfalls der gleiche, da der Reiz immer die (emotionale) Reaktion bestimmt. Das heißt: Bin ich zu heftig, reagiert der andere abwehrend. Die Abwehr kann sich in Form eines Gegenangriffs zeigen oder in Form einer Blockade. Findet dann keine Nachjustierung in der Intensität statt, können sich das Geschehen und die Emotionen immer höher und höher aufschaukeln.

Empfinden Sie zum Beispiel Ihr Gegenüber als zu laut, werden Sie selbst auch laut. Das empfindet der andere wiederum als zu laut und als Angriff gegen seine Person. Die Folge: Ihre Interaktion gipfelt in einem gegenseitigen Anbrüllen und ist damit vollends gescheitert.

Auch ein prophylaktisches striktes Herunterregulieren der Intensität ist kein Mittel. Lassen Sie uns schauen, wie es ankommt, wenn Ihr Gesprächspartner mit einer *zu schwachen Intensität* an Sie herantritt. Sie fühlen sich unwohl, weil er

- so leise, schüchtern, fast beschämt spricht, daß Sie ihn kaum verstehen.

- sich unterwürfig verhält und Sie keine echte Diskussion erreichen können, weil er bei Allem sofort klein beigibt.

- Ihnen keinen eigenen Standpunkt präsentiert, mit dem Sie sich auseinander setzen könnten.

- bei jeder Gelegenheit Verständnis und Einfühlungsvermögen mimt, ohne daß Sie den Eindruck haben, daß das echt ist.

- Ihre Ausführungen wahrscheinlich nicht verstanden hat, aber trotzdem nickt.

- unklar und vage spricht.

- seine Bedürfnisse auch auf Nachfrage nicht preisgibt, so daß Sie sie nicht erkennen können.

Die Gründe für eine so geringe Intensität sind ebenfalls vielfältig. Oft fühlen sich Menschen, die so agieren, der Situation nicht gewachsen. Sie verfallen in emotionale Verhaltensmuster, die in Zeiten von Unsicherheit zum möglichst vollständigen Rückzug raten. Es kann aber auch die Angst dahinterstecken, über das eigene Ziel hinauszuschießen und deshalb möglichst langsam darauf hinzusteuern.

Jedenfalls bestimmt auch hier der Reiz die Reaktion. In erster Linie führt eine zu schwache Intensität zu einer Unsicherheit, zu Zweifel und zu einem Mangel an Glaubwürdigkeit beim Gegenüber. Daraus erwächst entweder Aggression oder Rückzug. Ein Rückzug bedeutet in dem Fall: Ihr Gesprächspartner nimmt einen ähnlich inaktiven Zustand ein, da er von Ihnen nicht gefordert wird und keine Anreize erhält.

Die Aggression kann sich darin äußern, daß der andere das Gesagte auf sachlicher Ebene im gleichen Ton mehrmals wiederholt, oder er sagt es lauter und dezidierter und geht damit auf die emotionale Ebene. Seine Aggression wird noch zunehmen, wenn Sie mit der gleichen geringen Intensität wie vorher reagieren.

Ob zu stark oder zu schwach: In beiden Fällen verliert Ihr Gesprächspartner die Lust an der Interaktion mit Ihnen. Haben Sie dagegen die richtige Intensität getroffen, wird er gerne mit Ihnen weitermachen. Er wird sich mit Ihnen sogar wohl fühlen. Wahrscheinlich wird er nicht benennen können, warum das so ist, für ihn ist es einfach so. Sie spüren die positiven Gefühle Ihres Gegenübers und empfinden ebenso. So sorgen Sie für eine Atmosphäre, in der es möglich ist, für Sie beide die beste Lösung zu finden.

Falls Ihnen das nicht mit jedem auf Anhieb gelingt, ist das kein Grund, Ihre Bemühungen aufzugeben: Das Kind ist noch nicht in den ersten Sekunden des Gesprächs in den Brunnen gefallen, selbst wenn der Einstieg mißglückt. Sie können immer noch nachjustieren, wenn Sie über das Intensitätsziel hinausgeschossen oder darunter geblieben sind – gesetzt den Fall, Sie sind präsent und nehmen die Signale, die Ihr Gegenüber sendet, wahr.

„Deshalb bin ich sicher, daß das für Sie die richtige Entscheidung ist." Mit diesen Worten lehnt sich Claudia zurück. Gerade hat sie gemeinsam mit Anita Holter über das Schreiben des Gerichts gebeugt. Argument für Argument sind sie durch die Begründung gegangen. Mal hat Claudia die Stimme gehoben, mal gesenkt. Mal hat sie sich mehr zu ihrer Klientin hingelehnt, mal weniger. Mal hat sie direkter gesprochen, mal hat sie ihre Botschaft in Watte gepackt. ‚Das ist wie ein Tanz', kam es ihr zwischendurch in den Sinn. ‚Ich führe und richte mich gleichzeitig danach, wie es meinem Partner bei jedem Schritt geht.'

Dankbar schaut Anita Holter auf. Sie sagt: „Jetzt habe ich das endlich verstanden. Ich glaube, Sie haben vollkommen recht. Ich fühle mich bei Ihnen in sicheren Händen." Sie hüstelt ein bißchen verlegen und setzt hinzu: „Frau Wehrla, ich gestehe, das war nicht immer so. Am Anfang habe ich Sie für eine – bitte verzeihen Sie den Ausdruck – echte Krawallschachtel gehalten, der man besser nicht widerspricht. Aber ich habe mich getäuscht. Sie verfügen über Herz und Verstand."

„Es freut mich, daß Sie das sagen", erwidert Claudia. „Das freut mich außerordentlich." Während sie ihre Klientin zur Tür begleitet und verabschiedet, denkt sie sich: ‚Ich glaube nicht, daß sie ermessen kann, wie sehr mich das freut.'

Auf der Suche nach dem richtigen Maß

Wie viel Intensität von Ihnen gefordert ist, bestimmt also Ihr Gesprächspartner. Das heißt allerdings nicht, daß Sie ihn einfach kopieren sollten. Die reine Anpassung ist kein Garant dafür, daß Sie auf die optimale Aufnahmefähigkeit treffen. Im Gegenteil: Absoluter Gleichklang erzeugt schnell Langeweile.

Stellen Sie sich vor, ein Mann sagt zu seiner Frau: „Ich liebe dich." Sie antwortet ihm: „Ich liebe dich auch." Dann sagt er: „Du bist schön." Und sie antwortet: „Du bist auch schön." Er: „Ich bin so gerne mit dir zusammen."

Sie: „Ich bin auch so gerne mit dir zusammen." Spätestens jetzt wird die Unterhaltung verebben, weil kein echter Austausch zustande kommt. Es entsteht nicht der Hauch einer Spannung. Deshalb funktioniert ein solches Gespräch höchstens bei frisch Verliebten, denn deren Spannung wird noch aus einer anderen Quelle gespeist. Ist die versiegt, braucht eine Beziehung ein anderes Spannungspotential, um dauerhaft zu bestehen.

Es geht also gar nicht darum, exakt die Intensität Ihres Gegenübers zu treffen. Vielmehr ist die Konstellation dann optimal, wenn er und Sie ein wenig auseinanderliegen. Das ist wie bei zwei Polen: Durch ein bißchen Abstand entsteht eine angenehme, leichte Spannung. In diesem Zustand harmonieren Sie beiden noch und gleichzeitig fordern und inspirieren Sie Ihren Gesprächspartner mit dem nötigen Maß an Abwechslung.

Mit wachsendem Abstand wächst die Spannung – und überschreitet irgendwann das angenehme Maß. Dann schlägt die Stimmung um: Der andere fühlt sich überfordert und überfahren. Er wird Ihre Botschaft nicht annehmen können, er möchte viel lieber diese für ihn unangenehme Interaktion beenden. Wie finden Sie nun das richtige Maß an Intensität, das die Spannung erzeugt, die Sie beide voranbringt?

So justieren Sie richtig

Vorgaben oder gar Gesetze dafür, in welcher Situation bei welcher Art von Menschen welcher Grad an Intensität anzuwenden ist, gibt es nicht. Es gibt Hinweise, die Sie immer dann erkennen, wenn Sie das Gegenwärtige Denken nutzen: Gehen Sie bewußt in eine Begegnung und bleiben Sie darin, dann nehmen Sie wahr, welches Maß das richtige ist, noch bevor das erste Wort gesprochen ist.

Zu Beginn besteht die größte Aufgabe sicher darin, daß Sie diese Wahrnehmung schulen und während des Gesprächs aufrechterhalten. Dafür können Sie sich an den folgenden drei Schritten orientieren:

1. Justieren Sie vor.
2. Nehmen Sie Ihr Gegenüber wahr.
3. Justieren Sie stetig nach.

1. Justieren Sie vor

Machen Sie sich zunächst klar: Intensität und deren Regulierung ist ein Werkzeug, eine Methode. Die äußere Anpassung an Ihr Gegenüber hat nichts zu tun mit einer Anpassung an seine Meinung oder gar seine Emotion.

Ihr „Ball" und Ihre Intention, diesen mit einem eleganten Wurf bei Ihrem Spielpartner ankommen zu lassen, bleibt gleich. Das, was Sie anpassen, ist lediglich die Art, wie Sie den Ball werfen.

Genau darauf bereiten Sie sich im Vorfeld vor, indem Sie sich Gedanken über Ihr Gegenüber machen. Lassen Sie sich dabei folgende Fragen durch den Kopf gehen:

- Was haben Sie von Ihrem Gesprächspartner wohl zu erwarten?

- Was ist sein Ausgangspunkt?

- Was ist wohl sein Ziel?

- Was mögen seine Erwartungen an Sie sein?

- Kennen Sie ihn schon persönlich? Dann rufen Sie sich in Erinnerung, was beim letzten Mal positiv gewirkt hat und was weniger.

- Kennen Sie ihn noch nicht? Machen Sie sich anhand der Informationen, die Ihnen zur Verfügung stehen, ein erstes Bild von ihm.

Betrachten Sie das Bild, das Sie so entwickeln, und überlegen Sie, welche Intensität für den Auftakt die richtige sein könnte: So justieren Sie vor.

Geben Sie acht, daß Sie an diesem Bild – und sei es noch so schön – nicht festhalten. Das würde Ihre Antennen blockieren und die Nachjustierung während Ihrer Begegnung behindern. Bleiben Sie bewußt offen für die Signale, die Ihr Gesprächspartner Ihnen sendet.

2. Nehmen Sie Ihr Gegenüber wahr

Ab dem Moment, in dem Sie ihn dann treffen, beginnen Sie das Bild, das Sie sich gemacht haben, mit der Realität abzugleichen und zu korrigieren. Achten Sie zum Beispiel schon bei der Begrüßung darauf, wie Ihr Gegenüber Ihnen begegnet: Hält er Augenkontakt? Kommt ein Handschlag ohne Zögern zustande? Treffen sich Ihre Hände mit dem zueinander passenden Druck?

Schon diese ersten Eindrücke geben Ihnen wichtige Hinweise, ob Ihre Vorjustierung passend ist. Reagiert er auf Ihren kräftigen Händedruck eher schwach und zurückhaltend, dann nehmen Sie etwas Intensität heraus. Ist sein Druck dagegen sehr stark, erhöhen Sie Ihre Intensität etwas. Selten sind bei dieser Justierung große Sprünge notwendig, die Ihren Gesprächspartner irritieren würden. Haben Sie gute Vorarbeit geleistet, werden Sie an dieser Stelle den Regler nicht heftig in die eine oder andere Richtung nachstellen müssen.

Übrigens: Mein Rat lautet, daß Sie im Zweifel lieber etwas stärker beginnen, um dann Ihre Intensität zurückzunehmen. Denn Menschen tendieren dazu, am Anfang eines Gesprächs Position zu beziehen. Sie treten deshalb von sich aus mit etwas mehr Intensität als gewohnt auf. Damit Sie hier auf Augenhöhe bleiben, sollten Sie sich dem anpassen.

Wenn Sie diesen Rat beherzigen, achten Sie vor allem auf folgende Anzeichen:

- Ihr Gesprächspartner lehnt sich weit nach hinten.

- Er verschränkt die Arme.

- Seine Pupillen verengen sich immer mehr.

Erkennen Sie solche verschließenden, auf Rückzug deutenden Hinweise, dann gilt: Ihr Gegenüber fühlt sich offensichtlich bedrängt und überfahren.

Meiner Erfahrung nach ist die größere Gefahr zu Beginn eine andere: Gerade wenn Ihnen bewußt ist, daß immer wieder Emotionen Ihr Verhalten zu bestimmen drohen, werden Sie dazu neigen, sich zu sehr zurückzunehmen. Sie wählen also eher eine schwache Intensität in Ihrem Auftreten. Achten Sie in diesem Fall vor allem auf Merkmale wie diese:

- Ihr Gesprächspartner lehnt sich weit nach vorne.

- Er stützt Hände oder Ellbogen auf die Tischplatte.

- Seine Pupillen weiten sich.

Er fordert unbewußt mehr von Ihnen – eine Chance, die Sie nutzen können, wenn Sie sie erkennen.

3. Justieren Sie stetig nach

Welche Signale Ihr Gegenüber auch immer aussendet: Nehmen Sie sie dankbar auf. Lassen Sie nicht die Emotion des Ärgers hochkommen, wenn er auf die Intensität, die Sie ihm zunächst bieten, nicht eingehen kann. Freuen Sie sich stattdessen über seine Hinweise und justieren Sie nach. Heben oder senken Sie Ihre Intensität, spielen Sie ein wenig am Regler. Nehmen Sie wahr, zu welcher Veränderung das führt.

Es ist wie das Warm-Kalt-Spiel aus Ihrer Kindheit: Je näher Sie der angemessenen Intensität kommen, desto deutlicher wird Ihnen Ihr Gesprächspartner signalisieren: „wärmer, wärmer". Sobald Sie sich davon entfernen, gibt er Ihnen zu verstehen: „kälter, kälter".

Anders als bei dem Kinderspiel ist das Optimum an Intensität nicht statisch, sondern das Maß variiert im Laufe des Gesprächs. Sie brauchen also während der gesamten Dauer Ihre Gegenwärtigkeit, um Ihrem Gegenüber zu folgen und möglichst nahe an ihm dranzubleiben. Das gelingt, indem Sie stetig nachjustieren und sich nicht mit einer einzigen Einstellung des Reglers zufriedengeben.

Um die richtige Intensität zu finden und zu halten, müssen Sie also auf eine Vielzahl von Signalen achten, sie deuten und Ihr Handeln bewußt danach ausrichten. Das ist eine anspruchsvolle Aufgabe, solange Sie keine Übung darin haben. Je häufiger Sie so vorgehen, desto leichter wird es Ihnen fallen. Es ist wie Fahrradfahren: Wenn Sie es lernen und zunächst alle Bewegungsabläufe überdenken und bewußt steuern müssen, scheint Ihnen die Aufgabe komplex und anstrengend. Mit der Zeit jedoch geht Ihnen das Fahrradfahren so ins Blut über, daß Sie nur noch aufsteigen müssen, und los geht es. So ist es beim Umgang mit Ihren Mitmenschen auch. Sie werden so daran gewöhnt sein, gegenwärtig zu denken und den anderen mit seinem Bedürfnis nach einer gewissen Intensität wahrzunehmen, daß es Ihnen kaum noch auffällt. So werden Sie zum Meister.

Zurück in ihrem Büro stellt sich Claudia wieder mal ans Fenster. Sie stützt die Hände auf das Fensterbrett und betrachtet lächelnd die Bäume im Park. Zu den vereinzelten bunten Blättern haben sich inzwischen viele weitere gesellt, es ist eine leuchtende Pracht. Der Himmel ist klar, aber der Wind ist stärker geworden in den letzten Tagen. Er zieht und zerrt an der bunten Pracht des Parkes.

Claudia stellt sich vor, wie sie den älteren Herrn und das Hündchen trifft und ihnen von der Begebenheit erzählt. Sie stellt sich vor, wie er zufrieden nickt und der Terrier ihr freudig mit dem Schwänzchen Beifall klopft. „Jetzt wird alles gut", sagt sie strahlend zu ihm. „Nun weiß ich, wie ich den richtigen Weg finde." Er sieht sie an und erwidert ruhig: „Erst wenn Sie herausgefunden haben, was das richtige Ziel ist, wird Sie der richtige Weg auch dorthin führen." Ihr Strahlen erlischt und sie starrt ihn an. Hat sie richtig gehört? Quatsch, sie kann ihn ja gar nicht gehört haben. Er ist nicht da. Oder doch? Sie schaut sich in ihrem Büro um, als würde sie erwarten, daß er lautlos die Tür geöffnet und sich hereingeschlichen hat. Oder direkt durch die Wand gekommen ist. Oder sich in dieses Zimmer gebeamt hat. Nein, er ist nicht da.

Ihr Blick wandert wieder aus dem Fenster und nach unten. Dort zieht die alte Frau ihren Trolley mit dem verblichenen Karomuster auf dem Gehweg entlang der Parkmauer entlang.

Sie muß sich gegen den kräftigen Wind stemmen, ihre Gestalt wirkt noch gebeugter als sonst. Sie hat ein Kopftuch gegen die Kälte umgebunden. Ihre Hände leuchten rot-blau. Sie bleibt stehen, wie um zu verschnaufen. Sie hebt mühsam den Kopf. Ihre Augen treffen die von Claudia und sie grinst.

Sogar auf die Entfernung sind die schwarzen Zahnlücken zu sehen. Das Weiblein hebt einen ihrer krummen Finger, deutet zum Himmel und nickt wie zur Bestätigung, während sie Claudia unverwandt anschaut. Dann sinkt ihr Oberkörper wieder nach vorne, und sie nimmt ihren Kampf gegen den Wind wieder auf.

Prinzip

~

Intensität

Der Empfänger einer Information bestimmt die richtige Intensität

Wie Sie den Schlüssel weitergeben

Seit diesem Tag im Herbst rätselt Claudia. Sie weiß weder mit der Botschaft des älteren Herrn noch mit dem Fingerzeig der Alten etwas anzufangen.

Wie so oft in den letzten Wochen steht sie am Fenster. Sie will es nicht zugeben, aber ein bißchen hält sie Ausschau nach dem Mann. Oder wenigstens nach dem Weiblein. Nach irgendjemandem, den sie fragen könnte, was gemeint ist.

Natürlich ist sie auch fast jeden Tag durch den Park gestrolcht. Aber weder der eine noch die andere ist aufgetaucht.

Sie haucht an die Scheibe. Es ist kalt geworden draußen. Ihr Atem hinterläßt an der Scheibe einen runden, matten Fleck. Gedankenverloren malt sie eine Linie, die mal hierhin, mal dahin kurvt, aber keinen Endpunkt zu kennen scheint.

‚Erst wenn Sie herausgefunden haben, was das richtige Ziel ist, wird Sie der richtige Weg auch dorthin führen‘, hallt es durch ihre Gedanken.

Sie bemüht sich sehr darum, in ihrem Alltag alles, was der Herr ihr gesagt hat, umzusetzen. Sie will auf das, was sie tut, schauen. Sie versucht, mit ihren Gedanken in jedem Moment in der Gegenwart zu sein – weder in dem, was war, noch in dem, was sein wird. Sondern nur in dem, was ist.

Sie will sich jeweils klar auf einen Gedanken fokussieren. Von den vielen Dingen, die ihr durch den Kopf schwirren, will sie genau eines auswählen und es in Wörter fassen.

Bevor sie mit einem Menschen interagiert, will sie prüfen, ob ihre Bereitschaft dafür da ist und ob auch die Bereitschaft des anderen vorhanden ist.

Sie will überlegen, welche Konsequenzen das, was sie sagen oder tun will, haben wird und ob diese in ihrem Sinne sind. Dabei will sie keine bestimmte Reaktion von ihrem Gegenüber erwarten.

Sie will das alles nicht nur, sondern es gelingt ihr auch. Zumindest ab und zu. Sie hebt entschuldigend die Hand und sagt zu sich selbst: „Ja, es klappt nicht immer. Aber immer öfter!"

Der Gedanke bringt sie zum Lächeln. Auch, daß sie sehr wohl merkt, wie es ihr immer leichterfällt, so zu denken. Sie muß sich selbst immer weniger explizit an die einzelnen Schritte erinnern. Manchmal laufen sie schon ganz automatisch in ihr ab.

Eigentlich könnte sie zufriedensein. Aber sie ist es nicht. Nicht nur, weil die rätselhaften Botschaften noch in der Luft hän-

gen. Das, was sie tut und wie sie es tut, fühlt sich noch nicht rund an. Als würde der Schlußstein im Bogen noch fehlen.

⁓

Der Schlußstein

Ich nehme an, Sie können Ihre Bedürfnisse inzwischen deutlich besser erkennen. Ist das so, dann haben Sie schon die halbe Miete. Dabei können Sie wahrscheinlich sogar schon mehr als das. Sie kennen die Interaktionsprinzipien – das Gegenwartsbezogene und das Bewußte Denken, das Vorformulieren, das Überprüfen der Bereitschaft, das Prinzip der Intensität. Das heißt, Sie können Ihr Bedürfnis sowohl erkennen als auch angemessen kommunizieren.

Dennoch liegt noch ein Stück Weg vor Ihnen bis zum Ziel. Tut mir leid: Ihr Vorhang ist noch immer nur einen Spalt breit offen. Ja, Sie kennen Ihre Bedürfnisse. Ja, Sie können diesbezüglich vorbildlich interagieren. Jedoch sind Sie nicht der einzige Mensch, der Bedürfnisse hat. Jeder Mensch hat Bedürfnisse, und jeder will sie stillen. Das heißt, jeder geht mit seinen Wünschen, Interessen und Ambitionen mit zum Nehmen ausgestreckten Händen auf diejenigen zu, von denen er etwas braucht.

Das klingt normal, und das ist es auch. Doch auf diese „normale" Weise wird keiner seine Bedürfnisse stillen können. Denn all die ausgestreckten Hände sind leer. Das ganze Leben besteht einzig und allein aus dem Betteln um Bedürfniserfüllung. Auf diesem „normalen" Weg ist der tragische Ausgang vorprogrammiert. Solange jeder nur darauf bedacht ist, seine eigenen Bedürfnisse von anderen erfüllt zu bekommen, geht jeder leer aus.

„Schatz, weißt du, wo die Schuhcreme ist?", ruft Claudias Mann. Er steht suchend in dem Kämmerchen unter der Treppe, das ihnen als Aufbewahrungsort für alle möglichen nützlichen Gegenstände dient und entsprechend vollgestopft ist.

„Ich stecke gerade mitten in einer schwierigen Formulierung", antwortet Claudia laut. „Kannst du mich in fünf Minuten noch mal fragen?" „Okay", schallt es zurück.

Es ist aber auch ein wirklich verzwickter Sachverhalt, den sie in diesem Plädoyer so darstellen will, daß jedem klarwerden muß: Ihr Mandant kann hier gar nicht in Haftung genommen werden. „Schatz, ist es dir inzwischen eingefallen?" ruft ihr Mann schon wieder.

Sie unterdrückt den Impuls, ihn wegen der erneuten Störung anzublaffen. Noch dazu sagt ihr ein Blick auf die Uhr, daß schon mehr als fünf Minuten seit ihrer ersten Reaktion vergangen sind. Er hat sich also an ihre Vorgabe gehalten. Dabei hätte er doch wissen müssen, daß die Bitte um fünf Minuten nur eine nette Umschreibung ist für „Laß mich in Ruhe arbeiten."

„Nein", murmelt sie und denkt: ‚Weil ich nicht einmal darüber nachgedacht habe.' Sie fügt laut hinzu: „Brauchst du sie denn so dringend?"

„Na ja", gibt ihr Mann etwas leiser zurück und setzt noch hinzu: „Nicht sooo dringend." und denkt dabei: ‚Aber irgendwie schon. Sonst muß ich gleich mit verdreckten Schuhe in die Oper gehen.'

Claudia ist in der Zwischenzeit wieder ins Formulieren versunken. Weitere fünf Minuten später steht er hinter ihr und sagt vorwurfsvoll: „Dieses Kämmerchen ist so unaufgeräumt, daß man nicht einmal die Schuhcreme findet."

Sie muß tief durchatmen, um die abwehrende Emotion, die in ihr hochkocht, nicht in einer saftigen Antwort explodieren zu lassen. Sie wendet sich ihm zu und sagt so neutral wie möglich: „Dann steht es dir frei, das zu ändern."

„Ich habe wahrhaft genug zu tun", erwidert er heftig. „Und außerdem brauche ich die Schuhcreme jetzt auch nicht mehr. Die Zeit ist eh zu knapp."

Er dreht sich Richtung Schlafzimmer und gibt ihr noch über die Schulter mit: „Du mußt dich jetzt auch umziehen, sonst sind wir peinlicherweise schon wieder zu spät. Der Platzanweiser hat uns schon beim letzten Mal verwarnt."

„Ja. Weil du zu spät aus deinem Termin rausgekommen bist", erinnert sie ihn. Er dreht sich um und stemmt die Hände in die Hüften: „Ganz klar: Jetzt bin wieder ich schuld. Wie immer. Geh doch allein in deine blöde Oper" und schlägt die Schlafzimmertür hinter sich zu.

Claudia legt den Kopf in den Nacken und starrt zur Decke. ‚Nein, so geht das nicht', denkt sie ratlos. ‚So geht das gar nicht.'

Geben und Nehmen

Ist Ihnen schon einmal aufgefallen, daß die Sprachformel „Geben und Nehmen" nur in dieser Reihenfolge funktioniert? Die Ausgeglichenheit, wie sie zum Beispiel in einer fruchtbaren Verbindung vorkommt, als „Nehmen und Geben" zu bezeichnen, wäre nicht nur unüblich, es würde auch die Bedeutung der Formel konterkarieren. Obwohl nur die Reihenfolge der beiden Begriffe getauscht wurde, schwingt in der letzten Version eine Portion Egoismus mit. Warum? Weil der Sprechende zuerst ans Nehmen denkt.

In dem Moment, wo das Nehmen auf der inneren Prioritätenliste vor dem Geben steht, ist die Balance zerstört. Liegt der Fokus auf dem Nehmen, vergessen wir das Geben. Genau das passiert, wenn zwei Menschen sich nicht einig sind und diese Uneinigkeit in einen Streit mündet. Jeder ist nur auf die Erfüllung seines Bedürfnisses bedacht, und sieht den anderen mit seiner Bedürftigkeit nicht mehr. Die Fronten verhärten sich, und es entsteht Streit. Dabei wäre das gar nicht nötig, wenn jeder auch das Bedürfnis des anderen sehen würde.

Nehmen wir an, Sie sitzen zusammen mit Ihrem Arbeitskollegen im Meetingraum. Sie sind derjenige, der die Besprechung einberufen hat, denn Sie brauchen das Marketing-Know-how Ihres Kollegen, um Ihr neuentwickeltes Produkt marktgerecht aufzubauen. Ihr Kollege, der sonst kooperativ und sehr begeisterungsfähig ist, wird im Gespräch jedoch immer träger. Er beantwortet

Ihre Fragen nur einsilbig und steigt nicht richtig ein in den gemeinsamen gedanklichen Prozeß. Sie können in diesem Fall weiter an ihm „ziehen", indem Sie ihm noch mehr Fragen stellen und ihn intensiver in die Pflicht nehmen. Sie könnten sogar ihm seine dürren Antworten vorwerfen. Würde er dadurch konzentrierter? Motivierter? Wäre er dadurch mehr bei der Sache? Ganz sicher nicht.

Würden Sie sich stattdessen die Frage stellen, warum er wohl so unkonzentriert ist, würde Ihnen sofort auffallen: Ah, es ist 10.30 Uhr! Das ist die Zeit, zu der er normalerweise sein zweites Frühstück einnimmt! Wahrscheinlich ist er hungrig. Machen Sie ihm jetzt das Angebot, eine kurze Pause einzulegen, in der er etwas essen kann, werden Sie anschließend Ihr Ziel viel schneller, leichter und deutlich mehr Freude erreichen! Warum? Weil Sie die Bedürfnisse des anderen beachtet haben. Weil Sie sich nicht nur auf das Nehmen fokussiert haben, sondern auch etwas gegeben haben – und zwar genau das, was Ihr Kollege in dem Moment gebraucht hat.

Im Grunde treffen in jeder interaktiven Situation Menschen mit ihren individuellen Bedürfnissen aufeinander: ob Sie mit Ihrem Lebenspartner über die Gestaltung des Abends sprechen, mit Ihrem Kollegen etwas erarbeiten oder mit Ihrem Chef über Ihr Gehalt verhandeln.

Sie werden Ihr Bedürfnis immer nur dann stillen, wenn Sie mit dazu beitragen, daß auch das Bedürfnis Ihres Gesprächspartners gestillt wird. Nur mit einer Lösung, die den anderen ebenfalls an sein Ziel bringt, werden Sie Ihr Ziel dauerhaft erreichen.

Darum gilt: Wenn Sie Ihre eigenen Bedürfnisse stillen möchten, ist es der erste wichtige Schritt zu erkennen, was Sie selbst brauchen. Und der zweite essentielle Schritt ist, daß Sie auch die Bedürfnisse Ihres Gegenübers erkennen, achten und zu deren Erfüllung aktiv beitragen.

Gedankenleser

Am einfachsten geht das, wenn der Gesprächspartner klar sagt, was er braucht. Wenn also zum Beispiel der Kollege im Arbeitsmeeting einfach sagt, daß er eine Pause braucht, statt aus Zeitdruck oder Angst, als Verweigerer angesehen zu werden, den Impuls unterdrückt. Äußert der andere nämlich seine Bedürfnisse, ist es nur noch eine Frage der Abstimmung, um zu einer für beide Seiten guten Lösung zu kommen. Zu einem solchen offenen Austausch kommt es nur in den seltensten Fällen, weil den allermeisten Menschen ihre Bedürfnisse nicht bewußt sind. Sie spüren sie nur unterschwellig – und erwarten, daß der andere sie bemerkt und stillt. Wenn zum Beispiel Fritz am Morgen mit seiner Frau bespricht, den Abend mit ihr bei einem romantischen Candle-Light-Dinner zu verbringen. Heute ist schließlich Hochzeitstag. Aber dann kommt sein Chef wieder einmal mit einer dringenden, extrem wichtigen und hochvertraulichen Aufgabe zu ihm. ‚Was kann man da tun?' denkt sich Fritz und nimmt die Aufgabe zähneknirschend, aber schweigend an.

Um 20.00 Uhr betritt er endlich die gemeinsame Wohnung mit einem Stapel Akten unter dem Arm. Schon bei der Begrüßung sieht er die Enttäuschung in den Augen seiner Frau. Eigentlich möchte er von ihr in den Arm genommen werden, hören, daß sein Chef gemein ist und sie den geplanten Abend morgen nachholen können. Aber er sagt nichts. Er sagt auch nicht, daß er das innere Bedürfnis hat, den Hochzeitstag schön zu feiern. Deshalb fühlt sich seine Frau nicht wertgeschätzt. Sie denkt, er hat den Hochzeitstag vergessen, und keift ihn an.

Als er ihre Vorwürfe hört, explodiert er: „Meinst du, ich arbeite mich grundlos krumm und dumm? Das mache ich nur für uns! Und du beschwerst dich noch!"

Ein wahrlich gelungener Hochzeitstag.

Äußert Ihr Gesprächspartner seine Bedürfnisse nicht, bedeutet es nicht, daß er keine hat. Er ist wahrscheinlich vielmehr gefangen in einer unbewußten Erwartungshaltung: „Der andere muß doch merken, was ich jetzt von ihm brauche." Anders gesagt: Der andere soll meine Gedanken lesen. Die Folge ist: Der, der etwas erwartet, läuft in einer Tour in enttäuschende Situationen hinein. Die Ursache dafür sucht er aber nicht bei sich, sondern im Außen: bei den Umstände, den Mitmenschen, ja auch und vor allem bei Ihnen als seinem Gesprächspartner. Frei nach dem Motto: „Die Welt ist gemein, keiner liebt mich."

Es wäre für Sie viel einfacher, wenn Ihr Gegenüber sich artikulieren würde. Solange er stumm bleibt, ist es an Ihnen, einen Teil dieser Arbeit für ihn zu übernehmen. Sprich: seine Bedürfnisse zu erkennen, auch wenn er sie selbst nicht kennt – und ihm ein Angebot zu machen, das sowohl Ihre als auch seine Bedürfnisse stillt.

Das bedeutet nicht, daß Sie lernen müssen, Gedanken zu lesen oder Hellseher zu werden. Es bedeutet lediglich, daß Sie die Signale, die der andere zwischen den Zeilen übermittelt, wahrnehmen. Es bedeutet, die Bedürfnisse, die er nonverbal und indirekt auch verbal mitteilt, zur Kenntnis zu nehmen – es geht also darum, das Prinzip der Kenntnisnahme anzuwenden:

**Ich widme den Bedürfnissen des anderen
Aufmerksamkeit.**

Ich höre hin!

Ich nehme wahr!

~

Traurig und noch immer ratlos geht Claudia am nächsten Morgen Richtung Kanzlei. Über Nacht hat sich die Kälte des Winters in Schnee verwandelt. Sie ist früh unterwegs, deshalb ist der weiße dicke Flaum auf dem Gehweg noch nicht niedergetrampelt.

‚Der ist so dick wie unser Teppich in der Kanzlei‘, denkt sie. ‚Und noch dazu knirscht er so wunderbar.‘ Sie lauscht lächelnd, wie die Schneeflocken unter ihren Füßen knacken. Sie schließt die Augen und macht ein paar schnellere, dann ein paar langsamere Schritte. Das ist wie Musik. Wie eine kleine Schnee-Suite. Oder eine Rhapsodie in Weiß.

Als sie ihre Augen wieder öffnet, steht sie just vor dem Parkeingang und denkt: ‚Am liebsten würde ich noch ein bißchen durch den Park spazieren, bevor ich in die Kanzlei gehe.‘ Sie holt ihr Smartphone aus der Tasche, zieht den rechten

Handschuh aus, um das Display bedienen zu können, und prüft ihren Kalender: kein Termin heute morgen. ‚Sehr schön' denkt sie. Sie tippt noch einmal auf das Display, hält das Telefon an ihr Ohr und wartet, bis der Anrufbeantworter in der Kanzlei angeht, und dann sagt sie: "Guten Morgen, Frau Helferich. Claudia Wehrla hier. Ich wollte nur sagen: Ich bin aufgehalten worden und komme ein bißchen später. Bis nachher." Mit einem Fingertipp beendet sie das Gespräch und läßt das Handy wieder in ihre Manteltasche gleiten. Schnell schlüpft sie in den Handschuh zurück und greift nach der Klinke des Tors. Sie drückt vergeblich. Ach richtig: Hier wird ja erst um 8.00 Uhr aufgeschlossen.

"Kannste nich' lesen?" hatte der alte Mann gesagt. Claudia muß grinsen bei der Erinnerung. Heute würde sie sicher anders reagieren als damals. Aber das Tor ist jedenfalls zu. ‚Wie gut, daß ich den Sternenzugang kenne', denkt sie. ‚Auch wenn es nur ein geborgter Zugang ist.'

Sie macht sich auf den Weg zu der Ulme. Ob ihre Fußspuren im frischen Schnee den Zugang verraten würden? ‚Ach was!' denkt sie. ‚Die Leute haben dafür sowieso keine Augen.' Also schaut sie sich nur kurz um, bevor sie zu dem Mauerspalt geht. Keiner da. Und los. Sie quetscht sich durch den Spalt und steht unter dem großen Dach der Ulme. Selbst ohne Blätter ist die Krone ziemlich dicht, so daß hier nur wenige

Schneeflocken den Weg bis zum Boden gefunden haben. Mit jedem Schritt wird der Schneeteppich wieder dichter und dicker. Claudia schnippt mit jeder Fußbewegung ein bißchen mehr von den duftig-weichen Flocken vor ihr auf. Sie lacht, weil es wie Schneekugelflitter aussieht.

Jetzt steht sie auf der weiten, weißen Rasenfläche. Sie hängt sich ihre Tasche, die sie bis jetzt unter dem Arm getragen hat, über die Schulter, bückt sich und fährt mit beiden Händen in den Schnee. Sie hebt die Arme und wirft die pulvrigen Flocken hoch in die Luft, so daß sie selbst in dem Flitter steht. Wie schön das ist. Sie macht es noch mal und noch mal.

Ab und zu schüttelt sie sich die Flocken aus dem Haar. Als sie gerade wieder am Schütteln ist, hört sie ein Geräusch, als würde sich noch jemand kräftig schütteln. Sie dreht sich um und sieht, wie sich das Hündchen hinter ihr auch gerade wieder von Flocken befreit. „Ist das nicht herrlich?" fragt sie den Terrier strahlend.

Zur Antwort hüpft der mit großen Sprüngen in den noch unberührten Teppich vor ihr und gibt leise, freudige Wiffzer von sich. Nach ein paar Metern dreht er sich auffordernd zu ihr um. Sie lacht und läuft hinter ihm her. Sie bückt sich im Laufen und nimmt mit den Händen wieder eine Portion Schnee, die sie in die Luft in Richtung des Terriers wirft. Der springt, schnappt nach den Flocken, die in der Luft wirbeln, und rennt im Kreis um Claudia herum. Sie dreht sich mit ihm und läßt weiteren Schnee auf den Kleinen herabsprühen, bis sie lachend die Hand hebt und ruft: "Pause." Sie richtet sich auf, um zu Atem zu kommen. Da sieht sie den Herren in einiger Entfernung stehen. Er lächelt freundlich und winkt ihr zu. Sie winkt zurück und geht zu ihm hinüber. Der Terrier schaut ein bißchen enttäuscht, zuckt dann aber mit den Achseln und folgt ihr. Im Gehen klopft sie, so gut es geht, die Flocken von ihrem Mantel. "Daß Sie auch so früh unterwegs sind", sagt Claudia fröhlich, als bei ihm ankommt.

"Er hatte das dringende Bedürfnis, im jungfräulichen Schnee zu toben", sagt der Herr und weist mit seiner lederbehandschuhten Rechten in Richtung des Hündchens. Sie lacht und sagt: "Das hatte ich auch. Ich habe extra der Assistentin in der Kanzlei Bescheid gesagt."

Er sieht sie an und fragt: "Haben Sie ihr gesagt, welches Bedürfnis Sie haben?" "Nein." Sie schüttelt lachend den Kopf. "Ich habe natürlich nur gesagt, ich sei aufgehalten worden."

"Was ist daran natürlich, daß Sie Ihr Bedürfnis nicht äußern?" fragt er ruhig nach. "Na ja, das macht man halt nicht", sagt sie ein bißchen verunsichert. Er erwidert: "Da haben Sie recht. Leider. Das ist der Schlußstein, der Ihnen noch fehlt." "Schluß-

stein?" *fragt sie verwirrt. „In Ihrem Bogen. Das haben Sie sich doch gefragt, nicht wahr?"*

„Ja, ja", sagt sie langsam. „Sie meinen, daß ich deshalb nicht das richtige Ziel weiß, auch wenn ich den richtigen Weg gefunden habe?" Er nickt wortlos. Sie setzt hinzu: „Hat das damit zu tun, daß ich meine Bedürfnisse nicht äußere?"

Er nickt wieder und sagt: „Weder Sie noch die anderen äußern ihre wahren Bedürfnisse offen. Daraus erwachsen die allermeisten Schwierigkeiten."

Er beugt sich zu dem Hündchen hinunter, das neben ihm Platz genommen hat: „Du dagegen hast keine Schwierigkeiten, deine Bedürfnisse offen zu äußern, und das ist gut so. Deshalb finden wir immer eine gemeinsame Lösung." Er tätschelt das kleine Köpfchen und richtet sich wieder auf.

„Äußert keiner seine wahren Bedürfnisse, weiß keiner vom anderen, was er wirklich braucht", fährt er fort. „Wie sollen Sie dann eine Lösung finden, die den Bedürfnissen beider Seiten gerecht wird? Wie sollen Sie dann das richtige Ziel finden?"

Claudia hört still zu. Sie malt mit der Spitze ihres Schuhs mal hier, mal dort kurvende Linien. „Deshalb also finde ich den

Endpunkt nicht", murmelt sie. Sie schaut den Herrn an, der sie beobachtet, und sagt halb feststellend, halb fragend: „Wir haben also keine Chance zu erfahren, was der andere will?"

„Das habe ich nicht gesagt", erwidert der Herr mißbilligend. „Bitte hören Sie genau auf meine Worte. Ich sagte: Sie alle äußern sich nicht offen. Können tun es alle. Sie auch."

Sie überlegt und sagt dann: „Ja, aber das hilft doch nichts, wenn nur ich sage, was ich brauche: Dann kennt der andere zwar meine Wünsche, aber ich nicht seine. Das ist dann doch auch nur der halbe Schlußstein", und in bockigem Ton setzt sie hinzu: „Ich kann den anderen schließlich nicht zwingen zu sagen, was er will, oder?"

Der Herr lacht kurz auf und sagt: „Sie können es partout nicht lassen, das ‚Ja, aber'." Claudia seufzt und hebt entschuldigend die Hand. Sie sagt: „Das ist aber auch schwierig."

„Nein, das ist es nicht", entgegnet er. „Solange Sie gegenwärtig sind und sich vorher überlegen, was Sie sagen, ist es leicht. Doch zurück zu Ihrer Frage", fährt er fort. „Nein, zwingen können Sie den anderen nicht. Das ist auch nicht nötig: Er gibt Ihnen seine Bedürfnisse sowieso klar und deutlich zu erkennen – vorausgesetzt, Sie sind bereit, seine Hinweise wahrzunehmen."

"Bin ich das nicht?" fragt sie. "Nein, das sind Sie nicht. Wenn Sie möchten, kann ich Ihnen erzählen, wie Sie sich bereitmachen können", sagt er. Er zieht seinen Schal enger um den Hals und fügt hinzu: "Nur sollten wir dafür ein paar Schritte gehen. Nicht, daß wir noch hier festfrieren."

Jetzt erst merkt Claudia, wie ihr die Kälte an den Füße und ihren Beinen hochkriecht. Deshalb nickt sie dankbar, und das Trio setzt sich in dem immer noch menschenleeren Park in Bewegung: drei schmale Figuren, zwei große, eine kleine, auf einer unendlich groß scheinenden, weißen Fläche.

~

Bereit zu empfangen

Möchten Sie die Bedürfnisse Ihres Gesprächspartners erkennen, dann machen Sie sich folgendes bewußt: Sie werden sie nicht in dem finden, was er sagt.

Wie antworten Sie Ihrem Chef, Ihrem Kunden oder Ihrem Kollegen, wenn er Sie fragt, wie es Ihnen geht? Wahrscheinlich mit einem Standardsatz: "Danke, gut." Oder eine Steigerung davon: "Prima." Oder sogar: "Hervorragend!" Oder aber ein genügsames: "Es läuft schon." Selbst wenn Sie zutiefst traurig sind, weil Ihr einziger Sohn am

Wochenende ausgezogen ist und das Haus sich so leer anfühlt, selbst wenn Ihnen Ihre Traurigkeit bewußt ist, werden Sie nicht sagen: „Ich bin traurig." Obwohl das die Wahrheit wäre. Sie würden schon gar nicht Ihr Bedürfnis äußern, das aus diesem Gefühlszustand erwächst: „Ich brauche jemanden, der mich mal in den Arm nimmt. Könnten Sie das für mich tun?"

Im Busineßkontext wäre eine solche Bitte nämlich unpassend. Aber selbst im Freundeskreis trauen wir uns kaum zuzugeben, daß es uns gerade schlecht geht. Obwohl dieser Rahmen sehr wohl ein angemessener, sicherer Ort für eine ehrliche Äußerung wäre. Wir wollen keine schlechte Stimmung verursachen und klammern deshalb unangenehme Nachrichten aus.

Gehen Sie deshalb davon aus: Menschen sagen in den allermeisten Situationen nicht alles, was sie denken. Sie sagen das, wovon sie denken, daß sie es ihrem Gesprächspartner zumuten können, oder was sie in einem guten Licht erscheinen läßt. Darum ist es für Sie kein erfolgversprechender Weg, Ihren Gesprächspartner aktiv nach seinen Bedürfnissen zu fragen. Selbst für den Fall, daß ihm diese bewußt sind, wird er sie Ihnen womöglich nicht mitteilen. Dennoch haben Sie gute Chancen dahinterzukommen. Ihr Gegenüber teilt Ihnen *indirekt* immer mit, wie es ihm wirklich geht, was ihn wirklich beschäftigt, was er wirklich braucht. Um diese indirekten Hinweise zu entziffern, gilt es, zwischen den Zeilen zu lesen und auch die nonverbalen Signale zu empfangen.

Am besten können Sie sich selbst sensibilisieren, auf diese unterschätzten Details zu achten, indem Sie sich klarmachen, daß Menschen nicht nur Sachinformationen teilen, sondern in ihre Mitteilung stets auch ihre Wünsche und Befindlichkeiten einbringen, kurz: ihre Meinung ausdrücken.

Inhaltsaspekt versus Meinungsaspekt

Die Kunst, die wahren Bedürfnisse eines Menschen herauszufinden, besteht darin, neben dem Inhaltsaspekt den Meinungsaspekt in dessen Äußerungen wahrzunehmen. Also herauszufinden, was er meint mit dem, was er sagt. Es folgen einige Beispiele, die zeigen, wie unterschiedlich diese zwei Aspekte einer Botschaft sein können.

1. Ein Freund feiert seinen Geburtstag, Sie kommen zur Feier und überreichen ihm ein Geschenk. Er sagt: „Oh, das wäre nicht nötig gewesen."

Würden Sie seine Antwort wörtlich verstehen, wäre es völlig legitim, das Geschenk wieder zurückzunehmen. Er hat schließlich gesagt, es sei nicht nötig gewesen. In diesem Fall ist uns klar, daß dies nur eine Floskel ist. In Wahrheit meint er: „Schön, daß du daran gedacht hast."

Warum sagt er also nicht, was er denkt? Vermutlich, weil er gelernt hat, daß man immer bescheiden sein muß. Und so benutzt er eine Floskel, die im „normalen" Umgang als höflich gilt.

2. Sie fragen jemanden, wie es ihm geht. Er antwortet: „Nicht schlecht." Meinen tut er aber: „Schlecht."

Kommuniziert Ihr Gegenüber einen positiven Inhalt über eine Verneinung des Negativen – „nicht schlecht", „gar nicht blöd", „nicht unbequem", „nicht häßlich" –, können Sie davon ausgehen, daß sich seine wahre Meinung allein auf das Wort hinter dem „nicht" bezieht.

Auch hier steht eine gesellschaftliche Norm dahinter: Sei immer nett, und belaste den anderen nicht mit deinen Problemen!

3. Sie fragen jemanden: „Was denkst du?" Er antwortet: „Nichts." Er meint: „Ich will nicht darüber reden."

Niemand denkt an nichts, außer er meditiert gerade sehr erfolgreich (aber auch dann denkt er). Selbst bei Konzentrations- und Meditationsübungen ist der Mensch nicht frei von Gedanken. Darum ist in einem Gespräch die Aussage, jemand würde nichts denken, Ausdruck einer Blockadehaltung. Sie bedeutet soviel wie: „Ich will dir nichts von mir zeigen!"

Auf Signale des Gegenübers achten

Diese Alltagsbeispiele zeigen, daß es bereits die Analyse der konkreten Wortwahl ermöglicht, die Meinung Ihres Gegenübers hinter dem Inhalt zu erkennen. Voraussetzung dafür ist, daß Sie präsent sind, genau hinhören und während der Interaktion auf folgende Signale achten.

Nebensätze

Spricht Ihr Gegenüber sein Bedürfnis nicht direkt an, wird er möglicherweise versuchen, es Ihnen indirekt nahezubringen – bewußt oder unbewußt. In diesem Fall benennt er das Bedürfnis nur beiläufig, etwa in einem Nebensatz oder in einer Reihe mit anderen scheinbar nebensächlichen Gedanken. Das eigentlich wichtige Bedürfnis äußert er leiser als das sonst Ausgesprochene.

Beispiel: „Ich habe jetzt den Urlaub auf den Malediven ohne dich gebucht. Du mußt ja arbeiten, hast du gesagt. Kein Problem, ich werde auch allein viel Spaß haben. Vielleicht schaffst du es ja nachzukommen. Ich freue mich auf jeden Fall schon sehr auf das Meer, die Sonne und die Zeit, ein gutes Buch zu lesen."

Zwischentöne

Der Ton macht die Musik, und zwar nicht nur im Konzertsaal, sondern auch in der Interaktion. Sagt jemand, daß es ihm großartig geht, ihm diese Information vom Tonfall und von der Energie aber eher schleppend über die Lippen geht, sind Zweifel an der Übereinstimmung von Inhalt und Meinung durchaus angebracht.

Solche Zwischentöne, die sich aus der fehlenden Übereinstimmung des Gesagten und der Art, wie es gesagt wird, ergeben, können Sie nur wahrnehmen, wenn Sie Ihren Gesprächspartner beim Sprechen beobachten und aufmerksam hinhören. Seien Sie also in jedem Moment eines Gesprächs präsent. Nur so erkennen Sie selbst die kleinsten Nuancen im Tonfall.

Körpersprache

Mimik, Gestik und das Verhalten eines Menschen im Raum sind ebenfalls wichtige Anhaltspunkte, an denen sich ablesen läßt, was die Wörter verschweigen. Achten Sie auf diese Signale, haben Sie einen beachtlichen Wahrheitsvorsprung. Der Körper lügt nie – und spricht immer.

Versuchen Sie, Ihren aufgebrachten Kollege zu beruhigen, und er reagiert mit den Worten: „Das ist ja alles schön und gut", während er wild mit den Händen fuchtelt, dann wissen Sie: Schön und gut ist in diesem Moment für ihn gar nichts. Er kann Ihnen das Blaue vom Himmel versprechen, doch seine Gestik verrät die Wahrheit über seinen aktuellen Gemütszustand.

Es gibt nur einen Fall, in dem die Körpersprache Sie nicht zur echten Meinung Ihres Gesprächspartners führt: wenn ein Schauspieler oder ein Mensch mit sehr guter Körperbeherrschung beschließt, Ihnen etwas vorzuspielen.

In diesem Fall ist jedoch die Grundlage Ihrer Beziehung fraglich.

⁓

„Die Mönchmeiers haben uns eine Einladung geschickt", ruft Claudia ihrem Mann zu. Sie steht im Gang, hält den aufgerissenen Umschlag noch in der einen Hand und wedelt mit der buntbedruckten Karte in der anderen.

Er kommt gerade aus dem Badezimmer und rückt noch eilig seine Krawatte zurecht. „Oh, wie nett", sagt er abwesend und kramt in seiner Aktentasche, die schon bereitsteht.

„Gartenparty anläßlich unseres zehnten Hochzeitstages", liest sie vor. Sie dreht die Karte um und setzt hinzu: „Die wollen übrigens schnell eine Antwort." Er brummelt etwas, das nicht wirklich zu verstehen ist. Immer ungeduldiger zieht er mal das eine, mal das andere Papier aus der Tasche und wirft einen Blick darauf, bevor er es wieder zurückstopft.

Sie drängt: „Was ist? Soll ich zusagen?" „Siehst du nicht, daß ich es eilig habe?" bellt er. Claudia schaut zur Decke und denkt: ‚Normalerweise würde ich ihm jetzt entweder eine patzige Antwort geben oder eine Tür hinter mir zu knallen.' Sie richtet den Blick wieder auf ihren Mann und denkt: ‚Aber eigent-

lich ist klar, daß er gerade ein ganz anderes Bedürfnis hat, als sich über eine Einladung Gedanken zu machen. Ich habe seine Unfreundlichkeit gerade selbst verursacht.' Und sie sagt zu ihm: „Entschuldige bitte. Ich habe gar nicht bemerkt, daß du gerade andere Sorgen hast. Du scheinst etwas zu suchen. Kann ich dir helfen?"

Er schaut kurz ungläubig auf, beugt sich aber gleich wieder über seine Tasche, um weiterzusuchen. „Ich brauche das Dossier, das ich kürzlich ausgedruckt habe", sagt er in wesentlich friedlicherem Ton.

Sie antwortet: „Hattest du das nicht auf deinen Nachttisch gelegt?" Seine Miene hellt sich auf, und er sagt: „Ja, richtig." Er verschwindet im Schlafzimmer und kommt gleich darauf triumphierend mit einem dicken Stapel Papier zurück.

„Es freut mich, daß du die Unterlagen gefunden hast", sagt sie und fügt hinzu: „Es tut mir leid, wenn ich dich aufhalte, aber das mit der Einladung würde ich gerne noch klären – geht das?"

Sie beobachtet ihn, wie er auf die Uhr schaut und sich leicht entspannt. Er sagt: „Gut. Zwei Minuten habe ich noch." „Danke", erwidert Claudia. „Möchtest du, daß ich zusage?" Sie nimmt wahr, daß er leicht zusammensinkt. Er sagt seufzend: „Ja, mach nur." Und sich wohl denkt: ‚Ich habe ja sowieso keine Wahl.'

„Ich habe den Eindruck, daß du nicht begeistert bist. Stimmt das?" fragt sie nach. Er reißt die Augen weit auf: „Das hast du mich ja noch nie gefragt, Claudia. Was ist los mit dir?" Sie lächelt nur und sagt: „Alles in Ordnung. Ich möchte nur wissen, was du wirklich möchtest."

„Ja, wenn du mich so fragst: Ich finde die Mönchmeiers ja ganz nett, aber zu diesem Fest möchte nicht hingehen. Da stehen alle nur rum und reden über Belanglosigkeiten", sagt er und denkt: ‚Jetzt wird sie gleich Gift und Galle spucken, wenn ich so über ihre Bekannten spreche.' Sie hört seinen vorsichtigen Unterton und sieht, wie sich seine Stirn runzelt.

Sie erwidert: „Ja, das mag sein. Da ich die beiden schon lange nicht mehr gesehen habe, möchte ich sie schon gerne treffen. Würde es dir Freude machen, wenn wir Mönchmeiers mal zu uns zum Essen einladen?" Claudia bemerkt, wie sich seine Körperhaltung und seine Gesichtszüge entspannen, als er sagt: „Oh ja, das wäre viel besser. Soll ich dann den Rinderbraten machen, der dir kürzlich so gut geschmeckt hat?" Sie lächelt und nickt.

Fixierte Bilder

Eigentlich ist es ganz einfach. Um zu einer Verständigung zu kommen, brauchen wir nur zwei Komponenten: die Kenntnisnahme der Bedürfnisse des anderen und die Kenntnisgabe unserer eigenen Bedürfnisse. Lägen diese offen auf dem Tisch, müßte sich die Ideallösung wie von allein ergeben.

In der Praxis gibt es allerdings noch eine Einschränkung: Der Mechanismus, der dazu führt, daß wir das Bedürfnis des anderen tatsächlich so erkennen, wie er es meint, funktioniert nur eingeschränkt. Mit anderen Worten: Wir sind häufig gar nicht in der Lage, die Bedürfnisse unseres Gesprächspartners wirklich wahrzunehmen, weil wir nicht wahrhaft offen dafür sind, sondern unserer gedanklichen Fixierung unterliegen.

Sie haben zu Hause bestimmt Fotos von Ihren Großeltern. Welchen Anblick bieten sie auf den Fotos? Noch jung oder schon älter? Mit vollem oder schon gelichtetem Haar? Ohne oder bereits mit Falten?

Alles möglich, doch was sämtliche Großelternphotos dieser Welt gemeinsam haben, ist: Sie sehen darauf heute immer noch so aus wie damals, als sie fotografiert wurden. Die Welt hat sich zwar verändert und Ihre Großeltern sicher auch, aber deren Erscheinung auf dem Foto ist gleichgeblieben.

Wie diese Erscheinung auf dem Foto festgehalten ist, so sind auch unsere Vorstellungen von der Welt fixiert und unverrückbar. In dem Moment, in dem wir einer fixen Vorstellung unterliegen, bemerken wir nicht, was sich in der Welt, bei und mit unseren Partnern, Kindern oder uns selbst geändert hat.

Wir nehmen die Welt nicht so wahr, wie sie ist, sondern so, wie wir sie als Vorlage in uns tragen.

Erkennen Sie eine solche Fixierung, dann ist es ein ziemlicher Schock. Ich erinnere mich gut daran, wie ich beim Abiturball meiner Tochter sie mit einem jungen Mann tanzen sah. In diesem Moment fiel es mir wie Schuppen von den Augen: „Meine Tochter ist kein Kind mehr. Sie ist eine erwachsene Frau!"

Klar, Kinder wachsen und entwickeln sich laufend, sie werden zu Erwachsenen. Solange wir die neue Realität nicht wahrnehmen, behandeln wir sie weiterhin wie Kinder anstatt Erwachsene. Alles, was wir denken und tun, entsteht dann aus einer Fixierung heraus. Sie paßt zwar nicht in die aktuelle Zeit und in den aktuellen Raum, aber sie setzt sich fort. Fixierungen sind hartnäckig.

Was solche Vorstellungen am Leben hält, obwohl sie sich längst überholt haben, sind die Emotionen. Sie verfestigen die Bilder aus der Vergangenheit, indem sie sich über einen aktuellen Reiz legen und unsere Wahrnehmung färben. In dem Moment, in dem eine Emotion aktiviert wird, also die Erinnerung an ein altes Gefühl, nehmen wir nicht mehr das wahr, was der andere sendet, sondern nur noch unsere Interpretation davon. Die beinhaltet eine Fixierung, eine Unterstellung.

Das hat mit Wahr-Nehmung nichts zu tun. Weder ist unsere Vorstellung wahr, also real, noch nehmen wir im Moment etwas wahr. Um offen und ungetrübt wahrzunehmen, müßten wir präsent sein.

Die Präsenzzeit

Zur Kenntnis nehmen, was der andere meint, bedeutet genau hinzuhören auf das, was er sprachlich und körpersprachlich sagt – *ohne* die eigenen Vorstellungen dabei zu aktivieren. Das tun wir in der Zeitspanne, in der ein Eindruck nur als solches in uns wirkt, ohne daß eine Erinnerung aktiviert wird. Diese Spanne bezeichnet man in der Psychologie als Präsenzzeit.

Erreicht uns ein Reiz – ein Wort, ein Bild, ein Ton, ein Geruch, eine Berührung –, dann ist diese Wahrnehmung im ersten Moment eins zu eins da. Wir nehmen sie auf, wie sie ist. Wir sind in der Gegenwart, wir sind präsent. Dann wandert der Reiz durch unser System, das sofort einen Abgleich durchführt: Gibt es im großen Speicher der emotionalen Erinnerungen ein annähernd ähnliches Ereignis? Findet das System eine ähnliche vergangene Erfahrung, aktiviert es die dazugehörige Emotion. Diese wird in unserem Körper spürbar und überdeckt die eigentliche Wahrnehmung. Der Vorhang fällt, die Präsenzzeit endet.

Die normale Präsenzzeit ist ziemlich schnell vorbei; nach durchschnittlich fünf bis sieben Sekunden. Spätestens nach sieben Sekunden zieht sich unser emotionaler Vorhang zu und wir nehmen den Gesprächspartner nur noch gefiltert wahr.

Ihr Ziel sollte es deshalb sein, Ihre Präsenzzeit auszudehnen. Dabei hilft Ihnen die aktive Kenntnisnahme. Indem Sie Ihre eigenen Emotionen in dem Moment wahrnehmen, in dem sie aufkommen, und sie kontrollieren, haben Sie die Chance, wirklich mitzubekommen, wie Ihr Gegenüber reagiert. Diese Art der Kenntnisnahme geht tiefer: Sie erkennen Ihre eigenen Emotionen – und gleichzeitig die Absichten, Meinungen und Bedürfnisse Ihres Gesprächspartners. Nur indem Sie die Vorgänge in Ihrem Inneren kontrollieren, sind Sie überhaupt in der Lage, das Anliegen Ihres Gesprächspartners so wahrzunehmen, wie er es meint.

Schaffen Sie es, die Präsenzzeit auszudehnen, halten Sie den Vorhang in Ihrem Bewußtsein länger offen. Das ganze geht jedoch nicht mit einem Fingerschnipsen. Es ist ein kontinuierlicher Lern- und Erkenntnisprozeß, die eigenen Fixierungen zu erkennen und aufzulösen.

Lächelnd verläßt Claudia das Haus.

‚Das Leben kann so viel einfacher sein, wenn ich nicht dauernd streiten muß', denkt sie und setzt ihre Schritte mit Bedacht. Es hat noch weitergeschneit, doch auf den Gehwegen hat sich der Schnee unter der Last der vielen Füßen in eine feste Schicht verwandelt. Claudia bemüht sich, nur auf die von Streusplitt dunkelgefärbten Stellen treten, denn gleich

daneben kann es höllisch glatt sein. Sie hat deshalb den Blick auf den Boden geheftet. Prompt rempelt sie gegen eine Frau, die vor einer Kreuzung stehengeblieben ist, und gerät ins Straucheln. Sie kann sich gerade noch fangen.

"Was zum Teufel stehen Sie hier?" entfährt es Claudia.

Dann überlegt sie kurz, blickt der Frau ins Gesicht und sagt: "Tut mir leid. Ich wollte Sie nicht anfahren. Ich bin nur erschrocken."

Die grinst unter Keuchen und sagt: "Nicht so schlimm. Ich stehe wirklich ungünstig, aber mein Mann kommt jeden Moment mit dem Auto hier vorbei, und wir haben keine Zeit mehr zu verlieren." Sie deutet mit der Hand auf ihren Bauch, der sich sichtbar unter dem weiten Mantel wölbt.

"Oh", sagt Claudia. "Ich bleibe solange bei Ihnen, damit Sie nicht noch ein blindes Huhn wie ich anrempelt." Die Schwangere stemmt die Arme in die Hüften und sagt zwischen zwei Atemstößen: "Das ist doch nicht nötig."

"Sagen Sie nicht, was Sie nicht meinen, dann wird das Leben leichter – glauben Sie mir", erwidert Claudia lächelnd. "Hier, stützen Sie sich auf meine Schulter." Dankbar lehnt sich die Frau an sie.

Nur wenige Sekunden später hält ein Wagen vor ihnen. Ein kreidebleicher junger Mann springt heraus. „Alles in Ordnung, mein Schatz?" stammelt er.

„Alles ganz natürlich", entgegnet sie und preßt nach jedem Wort einen Atemzug heraus. „Es ist höchste Zeit. Laß uns fahren." Mit fahrigen Fingern öffnet er ihr die Autotür, und Claudia hilft der Frau, sich mit ihrem dicken Bauch in das Auto hineinzuwinden.

„Vielen Dank", keucht die zum Abschied. „Sie haben mir sehr geholfen. Sie sind ein besonders aufmerksamer Mensch." Claudia winkt ihr nach und macht sich vorsichtig weiter auf den Weg, bis sie an einer Bushaltestelle vorbeikommt.

‚Hier ist immer schlechter gestreut', denkt sie. ‚Ich glaube, ich nehme für das letzte lange Stück lieber den Bus.' Sie stellt sich also zu den Wartenden. Als der Bus kommt, schiebt sie sich mit den anderen zusammen in den Wagen hinein. Es ist voll, aber vielleicht kommt sie ja trotzdem an ihr Smartphone heran, das sich in ihrer Manteltasche befindet. Sie könnte noch die eingegangenen Mails überfliegen.

Sie bemüht sich, ihren Arm in die richtige Position zu schieben und schaut sich dabei um. Und läßt den Arm wieder sinken. Ausnahmslos alle Fahrgäste starren auf irgendein kleines Display in ihrer Hand. Kein einziger schaut aus dem Fenster oder gar einen seiner Mitfahrer an. Im Gegenteil: Alle scheinen sich mit Absicht in die Welt auf dem Bildschirm zu verkriechen.

Nur ein junger Mann, der neben ihr steht, hat kein Gerät in der Hand und stiert abwesend auf die Werbeaufkleber an den Zwischenwänden.

„Entschuldigen Sie", spricht Claudia ihn an. Der Mann zuckt erschrocken zusammen. Es scheint sehr ungewohnt zu sein, daß ein Fahrgast den anderen anspricht. „Wissen Sie, wie die Haltestelle heißt, die gegenüber dem Parkeingang liegt?" fragt sie ihn.

„Keine Ahnung. Leider ist mein Handy kaputt, sonst könnte ich es für Sie nachschauen. Es ist so ein Mist, daß das Ding gerade jetzt streikt", sagt er mit Ärger in der Stimme.

„Ärgern Sie sich nicht. Wahrscheinlich erkenne ich die Haltestelle auch, wenn ich rausschaue", beruhigt sie ihn.

„Das ist nicht das Problem: Zeigen kann ich es Ihnen. Mein Problem ist mehr, daß ich wegen des Wetters zu spät in die Arbeit komme und ich nicht Bescheid geben kann", sagt er bedrückt.

„Warum leihen Sie sich nicht so ein Ding von einem der zig Menschen hier im Bus, die ihr Handy in der Hand haben?" fragt sie erstaunt.

„Das kann ich doch nicht machen", erwidert er entrüstet. „Was sollen die von mir denken?" „Ich denke von Ihnen nur, daß Sie sagen sollten, was Sie brauchen. Wie sollen die anderen es sonst wissen?" erwidert sie.

Entschlossen windet sie nun doch ihren Arm hin zu ihrer Manteltasche und zieht ihr Smartphone heraus. Sie entsperrt es und hält es dem Mann hin: „Hier, bitte."

Der schaut erstaunt und hebt kurz abwehrend die Hand. Er überlegt einen Moment und nimmt das Gerät. „Danke", sagt er kurz. Er tippt eine Nummer ein und sagt: „Hallo Maren, ich bin's, André. Du, ich bin in einer Viertelstunde da. Sorry, daß ich erst jetzt Bescheid gebe – mein Handy ist tot."

Er lauscht einen Augenblick und sagt dann: „Klar telefoniere ich vom Handy aus. Da ist eine Frau, die hat mitgekriegt, daß ich dringend telefonieren muß, und hat mir ihres gegeben. Cool, was?" Dabei lacht er Claudia aus dem Augenwinkel an. Dann sagt er noch: „Ciao, bis gleich", tippt auf den roten Kreis auf dem Display und reicht ihr das Smartphone zurück. „Danke noch mal. Wir sind übrigens gleich bei Ihrer Station.

Drängeln Sie mal lieber vor zur Tür, ich drücke in der Zwischenzeit für Sie." Er streckt sich und preßt über die vielen Köpfe hinweg seinen Daumen auf den Halteknopf.

Sie nickt und quetscht sich zwischen den anderen Fahrgästen hindurch. Der Bus hält, sie steigt vorsichtig aus. Durch die Scheibe des abfahrenden Busses sieht sie, wie der junge Mann mit strahlendem Lächeln für sie den Daumen zum Gruß nach oben streckt. Sie sieht dem Fahrzeug nach und lächelt auch.

„Geh da wech!" bellt es hinter ihr.

Claudia fährt herum. Ein alter Mann kommt mit drohend auf sie gerichtetem Zeigefinger eilig herbeigeschlurft. Das aufgedunsene Gesicht unter den grauen Bartstoppeln kommt ihr bekannt vor. Richtig: Das Bild von dem Abend am Parktor taucht in ihr auf. Damals trug er ein Feinrippunterhemd. Heute trägt er einen schäbigen Mantel, die Ellbogen so abgewetzt, daß der filzige Pullover darunter durchscheint. Auf seinem Kopf sitzt eine dunkelbraune Strickmütze, aus deren unteren Rand an mehreren Stellen Fäden fransen.

Jetzt hat er sie schon fast erreicht und streckt seine Hand nach ihrem Arm aus. Eine Fahne aus Alkohol und ungeputzten Zähnen dringt in ihre Nase, als er laut wiederholt: „Wech!"

Sie merkt, wie sich ihr die Nackenhaare sträuben und sie nach einer gepfefferten Antwort sucht.

⁓

Der Prozeß

Den Erkenntnisprozeß zu beginnen bedeutet,

1. sich zu jedem Zeitpunkt bewußt zu machen, daß die Ursache für alles, was Ihnen widerfährt, in Ihnen liegt, und

2. diese Haltung von Sekunde zu Sekunde zu leben.

In dem Moment, in dem Sie sich diese Haltung zu eigen gemacht haben, können Sie tatsächlich spüren, wie Ihre Umwelt Ihr Verhalten zurückspiegelt. Dadurch haben Sie in jedem Augenblick die Macht und auch die Gelegenheit, den Kurs zu justieren und den Gesprächsverlauf positiv zu beeinflußen.

Je häufiger Sie üben, diese Haltung einzunehmen, und je länger Sie es schaffen, mit dieser Haltung auf Ihre Mitmenschen zuzugehen, desto stärker dehnt sich Ihre Präsenzzeit aus.

Sie erinnern sich: Die Präsenzzeit ist ohne bewußte Bemühungen lediglich ein kleiner Spalt, der sich für fünf bis sieben Sekunden öffnet.

Babys haben eine viel längere Präsenzzeit. Sie haben noch keinen emotionalen Vorhang vor den Augen und darum eine sehr feine Wahrnehmung für Stimmungen und Nuancen. Sie können daher ihre Mutter intuitiv sehr genau einschätzen und wissen, was sie tun müssen, um deren Aufmerksamkeit zu bekommen. Das funktioniert telepathisch, ohne daß die Mutter das weiß. Wird das Kind älter, verliert es diese Fähigkeit.

Sie haben die Möglichkeit, ein Stück dieser Wahrnehmungsfähigkeit wiederzuerlangen, indem Sie in jedem Moment präsent sind und sich die Ursachen der Reaktionen, die Sie hervorrufen, bewußt machen. Fragen Sie sich, wenn Sie auf Widerstand stoßen: Was habe ich gerade gemacht, daß mein Gesprächspartner so reagiert? Was kann ich anders machen?

Aus der Kenntnisnahme, beispielsweise: „Ich habe meinen Kollegen versehentlich gekränkt", wechseln Sie in eine Kenntnisgabe, indem Sie sich zum Beispiel entschuldigen für Ihre harten Worte und klarstellen, daß Sie ihn nicht kränken, sondern etwas anderes sagen wollten.

Schon ist die miese Stimmung bereinigt und der Weg frei für eine fruchtbare Zusammenarbeit.

Wenn alle gewinnen

Die übliche Lösung, wenn zwei sich streiten, ist der Kompromiß: die Einigung auf den kleinsten gemeinsamen Nenner. Bei dieser Lösung verlieren beide Parteien, weil keiner von beiden bekommt, was er will. Jede Partei wird in ihrer Bedürfniserfüllung beschnitten, denn jede muß ein Stück ihres Anspruchs aufgeben.

Indem Sie die Kenntnisnahme und Kenntnisgabe als einen kontinuierlichen Kreislauf sehen, können Sie Lösungen finden, die sowohl Ihre Bedürfnisse als auch die Bedürfnisse Ihres Gesprächspartners stillen. Damit erreichen Sie eine andere Qualität. Sie können eine Lösung finden, bei der beide gewinnen, ein so genannter Doppelsieg. Zu einem solchen Ergebnis zu kommen ist immer möglich, doch das ist ein steiniger Weg. Sie müssen dazu zunächst wissen, was Sie wollen, Ihre Vorstellung also artikulieren können. Als nächstes müssen Sie die Bereitschaft haben, nicht nur hinzuhören, was Ihr Gesprächspartner Ihnen sagt, sondern auch zu hören, wie er es sagt.

Als letztes – und das ist der entscheidende Punkt, an dem die meisten scheitern – gehört dazu, daß Sie bereit sind, Ihre eigene Meinung zu korrigieren. Erst wenn Sie im Gespräch in der Lage sind, Ihre eigenen Fixierungen zu erkennen und aufzulösen, haben Sie die Chance auf eine befriedigende Lösung. Das ist weder Ihr ursprünglicher Lösungsvorschlag noch der Ihres Gesprächspartners. Es ist eine dritte Lösung, die die verschiedenen Bedürfnisse berücksichtigt und stillt. So läßt sich ein Konsens herstellen: Sie haben sich weder auf den kleinsten noch auf den größten gemeinsamen Nenner geeinigt, sondern auf das größte mögliche gemeinsame Vielfache. Das ist Freiheit!

Der Weg dorthin ist allerdings eine Herausforderung und beruht auf einer bewußt geführten Interaktion. Es lohnt sich, ihn zu gehen, denn das Ergebnis wird Sie in einem Maß beglücken, wie Sie es im Alltag selten spüren.

Das erste gemeinsame Weihnachtsfest mit meiner Frau ist lange her. Aber ich kann mich daran erinnern, als ob es gestern gewesen wäre. Heiligabend haben wir bei ihren Eltern verbracht, den ersten Weihnachtstag bei meinen Eltern, und am 26. Dezember kamen wir nach einer endlosen Fahrerei quer durch Deutschland endlich zu Hause an. Müde und erschöpft saßen wir abends auf dem Sofa. Ein Glas Whisky sollte uns über die Hetze der letzten

Tage hinwegtrösten. Ehrlich gesagt: Heiligabend war an uns völlig vorbeigegangen.

Eigentlich wären wir gern allein gewesen an Weihnachten. Sowohl ihre Eltern als auch meine Eltern hatten die Fixierung: Die Kinder müssen Weihnachten bei uns sein, und wir wollten keinen Familienstreit anzetteln.

Nachdem wir die ersten zwei Jahre unseres Zusammenseins den Eltern zuliebe das Spiel mitgespielt haben, entschieden wir uns im dritten Jahr dazu, Weihnachten so zu feiern, daß wir es auch genießen konnten.

Ich schlug meiner Frau vor, Heiligabend zu zweit zu Hause zu feiern, und dann alle Eltern am ersten und zweiten Feiertag zu uns einzuladen.

„Das werden meine Eltern bestimmt nicht mitmachen", sagte sie prompt. „Sie wollen Weihnachten zu Hause genießen." Ich dachte nach und sagte dann: „Das ist begreiflich, aber genau wissen wir es nicht. Wir wissen es erst, wenn wir mit ihnen gesprochen haben."

„Na, ob das so gut wird, wenn wir sie zu uns einladen? Du weißt ja, wie meine Mutter ist. Die schaut überall in die Küchenschränke, ob etwas fehlt …"

Es hat ein längeres Gespräch mit meiner Frau gebraucht, bis sie ihr Einverständnis gab, die Eltern mit unserem Bedürfnis nach einem ruhigen Weihnachtsfest zu konfrontieren. Natürlich war mir klar, daß die Eltern sich abgewiesen fühlen könnten, wenn wir sie nicht besuchen kämen. Gerade deshalb hatte ich den Vorschlag gemacht, daß sie gleich für zwei Tage zu uns kommen sollten. Das Fest gemeinsam mit der Familie zu feiern war uns genausowichtig wie unseren Eltern.

Als ich meiner Mutter von dem Plan erzählte, sagte sie: „Wir bringen dann das Essen mit. So wie immer, Kartoffelpüree mit Sauerkraut und dreierlei Wurst" und die Schwiegermutter fragte: „Macht ihr dann den Heringssalat?"

In beiden Familien herrschte die Fixierung: Wir wollen Weihnachten feiern so wie immer. Mit dem Essen, das es bei uns immer gibt, und mit den ganzen Ritualen, die wir immer leben. Die eine Familie war es gewohnt, einen imposanten Christbaum aufzustellen, der bis zur Decke ging und prall geschmückt war mit Lametta und Bonbons, die in Seidenpapier gewickelt waren, dafür fielen die Geschenke kleiner aus. In der anderen Familie herrschte die Vorstellung: Weihnachten gibt es viele Geschenke und als Dekoration reicht ein karg geschmücktes Weihnachtsgesteck. Blutwurst? Das fanden meine Schwiegereltern abscheulich! Heringssalat? Das klang für meine Eltern nicht nach Weihnachten.

Meine Frau und ich saßen zwischen den Stühlen, bewegten uns zwischen zwei Fixierungen, aber wir gingen das Risiko ein, uns mit der ganzen Familie zu verkrachen.

Glauben Sie nicht, daß es einfach war, das dritte Weihnachtsfest friedlich und fröhlich zu begehen. Es hat drei oder vier Gespräche mit meinem Schwiegervater und fünf bis sechs Gespräche mit den anderen Familienmitgliedern gebraucht, um ihnen klarzumachen, daß sowohl ihre als auch unsere Bedürfnisse erfüllt werden. Nur eben nicht auf die Art, wie sie es gewohnt waren.

Das Ergebnis war tatsächlich ein Fest: Es gab weder Hering noch Wurst, sondern einen leckeren Gänsebraten, und zum erstenmal war die ganze Familie an Weihnachten zusammen. In den zwei Tagen, die wir gemeinsam unter einem Dach verbrachten, und durch die neuen Rituale, die wir gemeinsam entwickelten, entstand ein ganz neues Gemeinschaftsgefühl.

Wir alle waren glücklich am Abend des 26. Allen voran die Eltern, die ihr Leben auf einmal erfrischt sahen.

Wollen Sie eine solche Lösung erarbeiten, brauchen Sie Geduld, Präsenz und Bewußtheit. Vor allem aber brauchen Sie die Bereitschaft, ein gemeinsames Ergebnis zu akzeptieren. Das läuft ähnlich, wie wenn zwei sich streitende Parteien einen Schlichter heranholen und sich dem Schiedsspruch unterordnen. Um eine gemeinsame Lösung zu erreichen, brauchen Sie die Bereitschaft, ein neues gemeinsames Ziel zu akzeptieren und es zu Ihrem zu machen.

Das ist schmerzhaft, denn Sie sind gezwungen, sich von Ihren Fixierungen zu lösen, und doch ist es ein Gewinn: ein Gewinn an Möglichkeiten, Blickwinkeln und echter Harmonie.

Eh sich Claudia versieht, hat der alte Mann sie am Arm gepackt und mit erstaunlicher Kraft vom Straßenrand weggezerrt. Keine Sekunde später rollt ein Laster durch die riesige Schneelache, die sich vor der Haltestelle gebildet hat. Eine graubraune Fontäne spritzt auf und platscht auf die Stelle, an der Claudia gerade eben noch gestanden hat.

„Oh", sagt sie nur erschrocken und schaut an sich herunter. Das war knapp, aber sie hat fast nichts abgekriegt.

"Du hast so ausgesehen, als wollteste nich' naß werden", sagt der alte Mann – jetzt ganz gelassen – und nimmt seine Hand von Claudias Arm. Sie hat sich gefangen und sagt: "Ich danke Ihnen. Das ist sehr nett, daß Sie mich davor bewahrt haben."

Der Mann zeigt auf ihre helle Kleidung und sagt: "Kann doch nicht zulassen, daß so ein feines Mädchen eingesaut wird. Nee, das macht der alte Charly nich. Der weiß, wie es is, wenn man mit nassen Klamotten durch die Kälte muß. Das is nich' schön." Er schüttelt sich und murmelt bekräftigend: "Nich' schön."

"Sind Sie oft naßgespritzt worden?" fragt Claudia mitfühlend. "Ja, ja, ja. Oft. Aber jetzt nicht mehr. Schau!" Er grinst schelmisch und schlägt seine Mantelschöße zurück: "Der alte Charly hat eine Regenhose vom Herrn bekommen. Jetzt is' der alte Charly immer trocken an den Beinen."

Er kichert und auch Claudia muß lachen. "Jetzt braucht der Charly nur noch jeden Tag ein so warmes Lächeln von einer schönen Frau wie dir – dann is' ihm immer mollig warm."

Er wendet sich zum Gehen und sagt: "Mach' et jut, schöne Frau. Bist schon weitergekommen, als ich am Anfang gedacht hab. Mußt nur noch die Augen aufmachen, dann findste, waste suchst."

Er winkt ihr zu und setzt schon zum ersten Schritt an. Sie fragt hastig: "Was soll ich denn noch finden?" Er schaut sie an und sagt: "Da jibt es noch jede Menge zu entdecken, wenn du erst ma' deinen Zugang jefunden hast."

"Meinen Zugang?" fragt sie erstaunt.

"Jo." Er schaut sich um und vergewissert sich, daß keine anderen Menschen in der Nähe sind. Dann sagt er verschwörerisch: "Willste 'nen Tipp?" Sie nickt wortlos.

Er beugt sich zu ihr. Seine Ausdünstungen verschlagen ihr erneut den Atem, doch sie rückt nicht ab. Er raunt ihr zu: "Innen findste die Öffnung, nur innen. Genau da schauste dem Schnee beim Schmelzen zu."

Er richtet sich auf und fragt freundlich: "Machste das?" Wieder nickt sie nur. "Gut", sagt er zufrieden, tätschelt ihr den Arm zum Abschied und schlurft davon.

Claudia sieht ihm nach und denkt: ‚Ich glaube, er hat recht. Innen gibt es noch jede Menge zu entdecken.'

Prinzip

―〜―

Kenntnisnahme

Ich widme den
Bedürfnissen des anderen
Aufmerksamkeit

Ich höre hin!

Ich nehme wahr!

Wie Sie die letzten Hindernisse überwinden

„Innen findste die Öffnung, hat Charly gesagt", murmelt Claudia vor sich hin. *„Was kann er nur gemeint haben? Ich bin innen alles abgelaufen. Da ist nichts."*

Das Wetter ist besser geworden, die Kälte des Morgens ist gewichen, ab und zu blitzt die Sonne durch die Wolken. Sie hat die Mittagspause genutzt und den Park auf der Innenseite der Mauer einmal umrundet. Ihr Blick war die ganze Zeit auf die Umfriedung gerichtet: die gelb gestrichene Mauer mit dem weißen Fries oben, von der an vielen Stellen der Putz abbröckelt und die Sicht auf die Ziegel freigibt. Die nach hinten versetzten, schmiedeeisernen Parktore mit den repräsentativen hohen Bögen. Die schmucklosere Zufahrt mit dem weißen Blechtor davor für die Fahrzeuge der Gärtner, daneben die meterhohen Berge der ehemals weißen Pracht, die die Schneeräumer hier genauso angehäuft haben wie in der Mitte des Parks rund um den kleinen, freistehenden Monopteros. Das Café mit der großen Fensterfront, in dem sie den älteren Herrn im Herbst getroffen hat. Die Stelle, an der die Mauer ein Eck bildet und sich im Schatten der Ulme der Sternenzugang der alten Frau verbirgt.

Claudia ist ganz langsam gegangen und hat jeden Zentimeter genau mit den Augen abgetastet. Sie hat fast eine Stunde gebraucht, bis sie ganz herumgelaufen war. Aber einen weiteren Durchschlupf hat sie nicht gefunden.

Jetzt steht sie wieder am Ausgangspunkt. Sie hat die Hände tief in die Manteltaschen gebohrt und schaut sich hilfesuchend um. Vielleicht kommt ihr ja doch einer zu Hilfe: der ältere Herr, das Hündchen, die alte Frau oder Charly.

‚Aber ich kann doch nicht ewig hier stehen und warten', denkt sie sich nach ein paar Minuten verdrossen. ‚Außerdem: Wieso glaube ich eigentlich das, was der Penner gesagt hat? Eigentlich Blödsinn, so jemandem zu vertrauen.'

Sie fängt an, sich über sich selbst zu ärgern. Die Leute, die vorbeigehen, schauen auch schon ganz komisch. Vielleicht sollte sie so tun, als wäre sie verabredet und versetzt worden. Das wäre doch eine bessere Erklärung für das Rumstehen als zu sagen: "Ich bin auf der Suche nach einem Zugang von innen heraus." Sie schaut also demonstrativ auf ihre Uhr, dreht sich um ihre eigene Achse, so als wolle sie noch ein letztes Mal Ausschau halten nach demjenigen, der sie versetzt hat, und macht sich dann grollend auf in Richtung Kanzlei.

Der Ärger begleitet sie den ganzen Nachmittag und Abend. Ihr Mann erkennt schnell, daß die wohlwollende Stimmung der letzten Wochen verflogen ist, und läßt sie in Ruhe.

‚Vielleicht ist sie einfach nur müde', denkt er. ‚Sie hat viel gearbeitet die letzte Zeit, um den Altmann-Prozeß perfekt

vorzubereiten. Sie hat gesagt, daß der Gerichtstermin morgen kriegsentscheidend ist.'

Am nächsten Morgen steht er etwas früher auf als sonst. Er deckt leise den Frühstückstisch, stellt Claudias Lieblingstasse hin und preßt sogar einen frischen Orangensaft.

Claudia ist von dem Geräusch des Entsafters aufgewacht. ‚Was macht er denn da?' grummelt sie in Gedanken. Der Ärger hat sie immer noch voll im Griff. ‚Kann er nicht ein bißchen leiser sein am frühen Morgen? Warum nimmt eigentlich keiner Rücksicht auf mich?' Sie angelt nach ihrem Morgenmantel und steigt aus dem Bett.

Er hört sie aufstehen und ins Bad gehen. Er streicht noch die letzten Falten aus dem Tischtuch und dreht sich mit einem freundlichen Lächeln zu ihr um, als sie die Eßecke betritt. „Guten Morgen, Schatz", sagt er.

„Was soll denn das?" Mit einem Blick auf den Tisch blafft sie ihn an. „Was machst du denn für einen Aufstand an einem ganz normalen Werktag."

Sein Lächeln gefriert. „Entschuldige", sagt er hart. „Ich wollte dir nur eine Freude bereiten, weil du einen herausfordernden Tag vor dir hast."

Claudia spürt, wie sie innerlich ganz weich wird. „Oh", sagt sie leise. „Und ich fahre dich zum Dank so an." Ohne weiter darüber nachzudenken, geht sie auf ihn zu und umarmt ihn. „Entschuldige. Ich habe es nicht so gemeint", sagt sie bittend.

Im ersten Moment ist sein Körper in ihren Armen noch ganz steif. Doch dann entspannt er sich, erwidert ihre Umarmung und sagt: „Ach, Claudia."

Er fährt ihr mit der Hand über das Haar. Sie hebt ihren Kopf und küßt ihn. Die Welt scheint ganz weit und ganz eins zu werden in diesem Moment.

Da schießt ein Gedanke durch ihren Kopf: „Was mache ich da eigentlich? Das tue ich doch sonst nicht. Führe ich hier ein Schauspiel auf, damit er sich beruhigt?"

Der zauberhafte Augenblick ist verflogen. Sie hält ihn noch einen Augenblick im Arm, dann löst sie sich und sagt neutral: „Ich muß mich leider beeilen." Er nickt bedauernd und gibt sie frei.

Kurze Zeit später hastet sie aus dem Haus. Fast wäre sie gestolpert und die Treppe heruntergefallen, weil der volle Mülleimer mitten im Weg stand. ‚Verdammt, den wollte er doch raustragen gestern', denkt sie voll Zorn. ‚Am liebsten würde ich zurückgehen und ihm klar machen, daß er gefälligst tun soll, was er verspricht. Aber ich habe keine Zeit mehr. Der Bus muß jede Minute kommen.'

An der Haltestelle warten schon einige Menschen mit hochgeklappten Mantelkrägen. „Bin gespannt, ob der Bus heute pünktlich kommt", sagt eine Frau zu ihrer Nachbarin. „Gestern hatte er fast eine halbe Stunde Verspätung."

Claudia schaut unruhig auf die Uhr. Der Prozeß beginnt in einer Dreiviertelstunde. Sie stellt sich vor, wie sie verspätet in den Gerichtssaal stürzt. Sie tritt vom einem Fuß auf den anderen. Erst langsam, dann immer schneller. Sie reckt den Hals, aber der Bus kommt nicht in Sicht.

‚Was mache ich denn, wenn der heute wieder so viel Verspätung hat?' denkt sie beim hundertsten Blick auf ihre Uhr. ‚Warum können nicht einmal die öffentlichen Verkehrsmittel funktionieren?'

Jetzt reicht es ihr. Sie packt ihre Aktentasche fester, stellt sich vorne an den Straßenrand und hält nach einem Taxi Ausschau. Glücklicherweise muß sie nicht lange warten, bis ein Wagen auf ihr Winken hin anhält. Sie öffnet die Beifahrertür, läßt sich auf den Sitz fallen und sagt harsch: „Zum Oberverwaltungsgerichtshof. Aber schnell."

Der Fahrer nickt und stellt den Zähler an. Er sagt: „Kann aber sein, daß wir Stau haben. Ist viel los in der Stadt."

„Fahren Sie einfach", sagt Claudia barsch. Er zuckt mit den Schulter und fährt los. Die ersten Minuten geht es noch zügig dahin, doch dann wird der Verkehr immer dichter und kommt schließlich ganz zum Erliegen.

Der Taxifahrer läßt eine Hand aufs Lenkrad klatschen und sagt mit einem kurzen Seitenblick auf seinen Fahrgast: „Wie ich gesagt habe, ist viel los."

Claudia schaut starr geradeaus. Sie weiß, daß es noch viel zu weit ist, um die Strecke zum Gericht von hier aus zu laufen. Sie sieht sich viel zu spät die Treppe zum Gericht hochhetzen, die Flure entlangkeuchen und die Tür des Verhandlungssaals offenstehen. Ihr Mandant steht davor, die Wut ist ihm ins Gesicht geschrieben. Der Gerichtsdiener macht eine Geste, die ihr bedeutet, daß der Termin für heute wegen ihrer Verspätung abgesagt ist.

Sie fühlt sich jämmerlich. Gerade vorhin war doch noch alles gut. Gut wie noch nie. Dieses Gefühl des Einsseins. Und jetzt ist es so schlecht wie noch nie. Es ist, als wäre zwischen ihr und der Welt eine kalte Glaswand. Sie sieht die anderen, sie kann sie aber nicht erreichen, selbst wenn sie die Hand ausstreckt. Sie stößt an diese gläserne Wand. Wahrscheinlich war die immer schon da, doch früher hat sie sie gar nicht wahrgenommen. Vielleicht weil sie schon so lange nicht mehr versucht hat, die Hand nach den anderen auszustrecken.

In den wenigen glücklichen Momenten, die sie in den letzten Monaten erlebt hat, und besonders heute morgen hat sie erlebt, wie es sich anfühlt, wenn keine Glaswand zwischen ihr und der Welt steht. Um so schlimmer fühlt es sich an, daß die Wand jetzt wieder da ist. Und sich kälter und härter anfühlt denn je.

Fast wünscht sie sich, sie hätte die Wand nie wahrnehmen gelernt. Was soll sie nur tun? Offensichtlich ist sie nicht in der Lage, die Wand für mehr als wenige Augenblicke zu durchdringen. Dabei weiß sie genau: Sie selbst ist die Ursache dieser Wand. Niemand anderes als sie.

Die Tränen steigen ihr in die Augen. Viele Tränen. Sie rollen ihr einfach die Wangen herunter. Sie läßt sie einfach zu.

An diesem grauen Wintertag sitzt sie in einem schäbigen Taxi, das im Stau steht, und kommt zu der Einsicht: Niemals wird sie etwas verändern können, sie ist einfach unfähig. Trotz all der Hilfe, die ihr der ältere Herr, das Universum oder wer auch immer angeboten hat, kriegt sie es nicht auf die Reihe. Sie nicht.

Der Taxifahrer wirft einen verstohlenen Blick zu ihr hinüber. Die Frau in dem teuren Mantel mit der schicken Aktentasche, die ihn so überheblich angefahren und so verschlossen und arrogant neben ihm gesessen hat, sinkt immer mehr in sich zusammen. Mit den Tränen ziehen Spuren aus Wimperntusche über ihr Gesicht, aber sie kümmert sich nicht darum. Sie schluchzt auch nicht, sie weint einfach leise vor sich hin.

Er kramt in der Tasche der Fahrertür und zieht ein verknautschtes Päckchen Papiertaschentücher heraus. Er sucht nach dem am wenigsten angeschmuddelten, zieht es heraus und hält es ihr hin. Sie greift danach, läßt die Hand mit dem Taschentuch aber in ihren Schoß sinken.

„Kann ich Ihnen helfen?" fragt er sanft. Die Frau schüttelt den Kopf. Sie ist die einzige, die sich helfen könnte. Aber sie kann es nicht.

Es passiert immer wieder: Menschen erfahren wahres Glück. Zumindest für einen Moment. Im nächsten Moment ist es schon wieder vorbei. Ob sie nun durch Zufall darauf stoßen oder gezielt ihren wahren Bedürfnissen folgen, ihre Reaktion ist die gleiche: Sie stoßen das Glück zurück.

Das liegt daran, daß dieses Gefühl überraschend in ihnen aufsteigt. Sie können erstmal nicht so recht damit umgehen. Sie fragen sich: Woher kommt es? Ist es echt? Kann das sein? Eigentlich nicht. Sonst ist das doch auch nicht so. Da muß doch etwas dahinterstecken. Darf man das Glück einfach so genießen, ohne darüber nachzudenken?

Und im gleichen Augenblick beginnt ihnen das Glück unter den Händen wegzubröseln.

Die Fragen sind Ausdruck eines tiefen Mißtrauens gegen die eigene Natur. Das, was da natürlich im Inneren aufsteigt, entspricht nicht der Norm. Kann das richtig sein?

Dabei ist dieses kurze Moment des Glücks genau der Augenblick, in dem es gelingt, hinter den Vorhang zu schauen und den normativen Filter des Denkens beiseite zu lassen. Sobald sich der Vorhang durch Zufall oder durch bewußtes Handeln einen Spaltbreit öffnet, zerren sofort die Emotionen an dem Stoff, um die Öffnung wieder zu schließen. Der Moment fühlt sich dann ungewohnt und schlecht an. Der Drang, ihn sofort zu schließen, ist groß. Wo kommt dieser Drang her? Was macht ihn so mächtig? Wie immer lautet die Antwort: Wir selbst machen ihn mächtig. Weil wir uns wie Kinder verhalten, auch im Erwachsenenalter.

Vorhang zu!

Eltern erziehen ihre Kinder, indem sie ihnen sagen, was falsch und was richtig ist. Sie geben ihnen den lieben langen Tag Informationen darüber, wie sie das Handeln ihrer Kleinen bewerten. Jede ihrer Wahrnehmungen ist mit einer Wertung verknüpft. Diese Wertung vermitteln die Eltern ihren Kindern nicht nur mit Worten, sondern sie lassen sie auch erlebbar werden, und zwar durch Lob und Tadel.

Das Lob ist mit dem Erleben von Zuwendung und Liebe verknüpft, Tadel mit Abwendung und Mißfallen. Da Zuwendung für Kinder überlebenswichtig ist, ist dieses Bedürfnis der wirksamste Hebel, um auf deren inneres Erleben einzuwirken. Erinnern Sie sich an Kapitel 3: Informationen, die erlebt werden, gehen in Wissen über. So werden mit dem Mechanismus von Lob und Tadel äußere Normen zu innerem Wissen transformiert.

Nicht nur das normative Wissen gräbt sich auf diese Weise ganz tief ein in unsere Körperzellenspeicher. Etwas anderes verankert sich dadurch fast noch stärker. Es ist der Mechanismus von Lob und Tadel selbst, der uns in Fleisch und Blut übergeht. Er ersetzt unser Vertrauen in das Handeln nach unseren natürlichen Bedürfnissen durch das Vertrauen darauf, was uns mit Lob und Tadel als richtiger Weg vermittelt wird.

Wir lernen auch, daß unser Denken, Sprechen und Handeln im Außen eine Bewertung findet. Bleibt diese Wertung aus, fühlen wir uns nicht wahrgenommen und dementsprechend schlecht. Selbst ein Tadel ist uns lieber als das Gefühl, ungesehen zu bleiben.

So überdauert dieser Mechanismus unsere Kinderzeit. Wir entwachsen unseren Eltern, aber an ihre Stelle treten neue Autoritäten: Freunde, der Chef, der Partner, die Nachbarn. Wir suchen uns Menschen, von denen wir Lob und Tadel erwarten können. Danach richten wir unser Leben aus. Bleiben Lob und Tadel aus, fehlt uns eine Richtschnur für unser Handeln. Unserer inneren Richtschnur, unseren Bedürfnissen mißtrauen wir inzwischen gründlich.

⁓

‚Was ist eigentlich passiert?' fragt sich Claudia, während sie im Café sitzt und durch das große Fenster in den Park hinausstarrt. ‚Wenn ich die Ursache für alles bin, kann doch nicht von einem Augenblick zum anderen alles anders sein. Außer ...'

Sie beobachtet die wenigen Spaziergänger, die an diesem grauen Mittag lustlos die schneematschigen Wege entlangwandern. Normalerweise sollte sie jetzt in der Kanzlei sein, aber irgendwie ist nichts mehr normal.

‚... außer ich bin anders', setzt sie ihren Gedanken fort. ‚Was habe ich anders gemacht?'

Sie geht den Morgen durch: Sie hat ihren Mann angeblafft, nur weil der Ärger noch so in ihr war. Und dann hat sie etwas verändert: Sie hat ihn wahrgenommen und ihn das wissen lassen. Sie hat nicht nachgedacht, sondern gehandelt. Intuitiv, wie es ihrem Gefühl entsprach.

Und dann? Dann hat er sie wahrgenommen und hat sie das auch wissen lassen. In diesem Moment war keine Glaswand da, sie war bei ihm und er war bei ihr. Einfach so.

Was war dann? Sie erinnert sich an diesen Gedanken. Diesen Zweifel, ob das denn sein kann, daß das echt war. Weil es sich doch so gar nicht normal anfühlte. Sie erinnert sich an diese widerstrebende Emotion in ihr. Hatte sie darauf gewartet, daß ihr Mann sie für ihr unnormales Verhalten lobt? Warum eigentlich?

∼

Im Mangelzustand

Was passiert also mit uns, wenn der Vorhang aufgeht und weder Lob noch Tadel als altvertraute Wegweiser da sind, wenn wir uns außerhalb des Sichtfeldes der normativen Welt der anderen bewegen? In diesem Moment überfällt uns die Angst, nicht wahrgenommen zu sein. Es ist keine Bestätigung da, die uns Halt und Orientierung gibt. Wir fühlen uns allein und hilflos. Und zwar nicht nur für kurze Zeit und durch Zufall, sondern für immer und aufgrund des eigenen Versagens.

Die Folge ist quälende Ungewissheit. Der Mensch sagt: „Ich vertraue nicht darauf, daß das, was mein inneres Bedürfnis ist, das richtige ist. Es gibt kein Außen, das mir über Lob oder Tadel Vertrauen in mein Handeln gibt. Wo finde ich nun Bestätigung?"

Auf die Ungewißheit folgt der Selbstzweifel: „Ist es nun richtig oder falsch, was ich tue? Wenn gar keiner Rückmeldung gibt, noch nicht einmal in Form eines Tadels, was sagt das über mein Handeln?"

Aus Selbstzweifel wird Selbstentwertung: „Wenn keiner mich sieht, ist das was ich tue, es wohl nicht wert gesehen zu werden. Ich bin es, der nicht wert ist, gesehen zu werden."

Diese Gefühle und diese Gedanken machen auf Dauer kaputt. Von der Selbstentwertung hin zur vollkommen Frustration oder sogar Depression ist es dann nur noch ein kleiner Schritt. Denn Menschen brauchen Bestätigung zum Leben wie die Luft zum Atmen.

Die Schwierigkeit ist, daß sie unter dem Mangel leiden, ohne daß er ihnen bewußt ist. Deshalb wissen sie nicht, wie sie ihr Leiden beenden können. Sie machen hilflose Versuche in alle Richtungen, doch werden sie stets ernüchtert. Viele weichen daher auf Ersatzbefriedigungen aus:

- Sie zünden sich eine Zigarette an.
- Sie kippen einen Schnaps oder gleich zwei.
- Sie gehen Shoppen bis zum Umfallen.
- Sie vergraben sich in ihre Arbeit.

Die Wirkung dieser Surrogate hält aber nicht lange an: Sehr schnell kehren beim Raucher, Alkoholkonsumenten, Kaufberauschten und Workaholic die Leere und das Gefühl des Ausgebranntseins zurück. Das ist es, was ihn kränker und kränker werden läßt – und schließlich an sein psychisches Ende bringt.

Der Mensch ist auf Bestätigung angewiesen wie die Grünpflanze auf die Sonne.

Was ist da in der Natur des Menschen, das ihn so abhängig von Bestätigung macht? Warum ist sie für ihn überlebenswichtig?

Voll Energie

Damit Sie dieses Warum verstehen, will ich ein bißchen ausholen:

Jeder Gedanke, den ein Mensch denkt, erzeugt in seinem Inneren Energie. Jeder einzelne Denkvorgang erhöht also den persönlichen Energiepegel. Denkprozesse laufen bei jedem Menschen ständig ab, im Wachzustand wie im Schlaf. Jedes noch so alltägliche Wort, das geformt und ausgesprochen wird, und jede noch so gewöhnliche Handlung erfordern ein vorangehendes Denken. Sie erinnern sich sicher: Alles, was Sie tun, müssen Sie vorher gedacht haben.

Es entsteht also jeden Tag sehr viel Energie in einem Menschen. Die Schwierigkeit dabei ist: Staut sich die Energie in ihm zu sehr an, führt das zu einer energetischen Überlastung seines Denksystems. Dadurch wird das System stärker und stärker belastet, es entsteht eine Störung. Der

Mensch ist immer weniger in der Lage, gegenwärtig zu denken und bewußt mit sich und seiner Umwelt umzugehen. Klares Denken erfordert ein niedriges energetisches Niveau.

Das Zuviel an Energie muß also abgebaut werden; doch wie geht das?

Der natürlichste Weg ist die Übertragung der Energie in Handlung. Immer wenn Sie einen Gedanken haben, formulieren und in die Tat umsetzen, wandelt sich die Energie in Handlungsenergie und wird nach außen geleitet. Das entlastet Ihr inneres Energieniveau.

Doch Sie und alle anderen Menschen denken täglich soviel, daß es gar nicht gelingen kann, die angehäufte Energie in Handlung umzusetzen. Es muß also noch andere Möglichkeiten geben, den übermäßigen Energiestau auszugleichen. Es gibt sie auch.

Bei einer davon bahnt sich die Energie von sich aus unkontrolliert den Weg nach außen, und zwar in Form von Wutausbrüchen oder hysterischen Anfällen; das kann auch unkontrolliertes Lachen sein. Während dieser unvermittelten emotionalen Aktionen flutet die Energie in die aggressive Handlung wie das Wasser ins Tal, wenn die Staudammmauer bricht. Das hinterläßt in der Regel Zerstörung und Verwüstung. Dies ist also keine wünschenswerte Art, um die Energie im Inneren abzubauen.

Ein wesentlich verträglicherer Weg, das Energieniveau auf ein erträgliches Maß zurückzuführen, ist der Schlaf. Während eines geruhsamen Schlafs gelingt es dem Denksystem, die angestaute Energie zu neutralisieren; wenigstens zum Teil. Sie werden das an sich selbst bereits bemerkt haben: Nach einer Nacht, in der Sie gut geruht haben, sind Sie spürbar entspannter.

Dabei ist die Tiefe des Schlafs entscheidender als die reine Dauer. Deshalb ist hilfreicher, wenn Sie für regelmäßigen Schlaf sorgen anstatt an einzelnen Tagen möglichst lange im Bett liegenzubleiben.

Selbst mit dem besten Schlaf gelingt der Energieabbau nur bis zu einem gewissen Maß. Je nachdem, wie stark sich die Energie zuvor angestaut hat, kann er allein die Überlastung nicht mehr beseitigen. Der Mensch braucht demnach neben der (kontrollierten) Tat und dem Schlaf eine weitere Möglichkeit, um seine angestaute Energie zu neutralisieren. Das ist – und hier schließt sich der Kreis – die Bestätigung.

Danke!

Empfangen Sie Bestätigung von einem anderen, signalisiert er Ihnen damit, daß er Ihr Handeln und damit Ihre Gedanken wahrgenommen hat. Diese Bestätigung ermöglicht Ihnen die Einordnung Ihrer Gedanken in Ihr Denksystem. Mit dieser Einordnung neutralisiert sich die bei Ihnen entstandene Energie und das führt zur Entlastung. So kommt es, daß Sie durch das Entgegennehmen von Bestätigung das energetisches Niveau in Ihrem Inneren senken.

Doch nicht nur durch das Nehmen von Bestätigung wird Ihr System entstört: Es gehört zu den wundersamen Eigenschaften von Bestätigung, daß sie nicht nur dann wirkt, wenn Sie sie empfangen. Auch wenn Sie Bestätigung geben, entlasten Sie Ihr eigenes System, nicht nur das Ihres Gegenübers.

Indem Sie die Gedanken des anderen aufnehmen, für sich durchdenken und ihm dann Bestätigung dafür geben, passiert folgendes: Durch das Geben fließt zum einen die Energie aus Ihrem System ab, die entstanden ist, als Sie über den Gedanken oder die Handlung Ihres Gesprächspartner nachgedacht haben. Zum anderen fließt einiges von der anderweitig angestauten Energie in Ihnen ab, weil

Sie sich selbst in Ihrem Sein, in Ihrem Denken, Sprechen und Handeln bestätigt haben: Sie verschaffen sich selbst Entlastung.

Bestätigung beginnt mit Selbsterkenntnis. Sie erkennen Ihr Sein, Ihr Denken, Sprechen und Handeln an. Indem Sie sich selbst bestätigt haben, können Sie auch Ihr Gegenüber bestätigen; dessen Sein, dessen Denken, Sprechen und Handeln. Dafür erhalten Sie wiederum seine Bestätigung. Der großartige, positive Effekt funktioniert also in beide Richtungen und ist direkt erlebbar und spürbar. Um so erstaunlicher ist es auf den ersten Blick, daß nur die wenigsten Menschen ihn nutzen.

Die Schwierigkeit, die dem entgegensteht, ist die zuvor geschilderte feste Verankerung des Prinzips von Lob und Tadel. Demgegenüber ist die Bestätigung von Mensch zu Mensch, die von innen heraus kommt, gänzlich in den Hintergrund geraten. Das Nichtbestätigen ist zur Norm geworden. Selbst Handlungen, die aussehen wie eine Bestätigung, sind in ihrem gewohnheitsmäßigen Abspulen bei genauerem Hinsehen alles andere als das.

Ich möchte Ihnen ein ganz alltägliches Beispiel schildern, so wie Sie es dauernd an sich und anderen beobachten können: Die Kassiererin im Supermarkt reicht Ihnen Ihr

Wechselgeld, und Sie bestätigen den Empfang mit einem „Danke". Das macht man so, und schließlich sind Sie ja gut erzogen. Vielleicht haben Sie noch die strenge Frage Ihrer Eltern im Ohr, wenn Sie als Kind ein Geschenk erhielten. Sie hörten: „Wie sagt man?" und wurden für Ihr mechanisches „Danke" gelobt.

Sie bedanken sich also, weil es der Norm entspricht. Nicht, weil Sie aus sich heraus der Dame eine Bestätigung für ihre Dienste in Form eines Dankeschöns geben möchten. Sie meinen das nicht, Sie sagen es nur. Genau das ist der Unterschied von normativer, formeller Bestätigung, die keine ist, und wahrhaftiger Bestätigung. Selbst das Wörtchen „Danke", das ein so großes Potential an positiver Bestätigung in sich trägt, ist in unserem Sprachgebrauch zu einer bloßen Floskel verkümmert.

Fühlen Sie selbst einmal den Unterschied: Seien Sie, wenn Sie beim nächsten Mal „Danke" sagen wollen, mit all Ihrer Präsenz zugegen. Nehmen Sie bewußt das Gefühl der Dankbarkeit in Ihrem Inneren wahr, und formen Sie aus diesem Gefühl heraus die Wörter und Ihre Handlung.

Ich bin sicher, Sie werden – ohne daß Sie dazu eine Anweisung brauchten – Ihrem Gegenüber, während Sie sprechen, direkt in die Augen sehen.

Fühlen Sie das „Danke" mit Ihrem Herzen, und ich bin sicher, daß Sie anders klingen als vorher.

Haben Sie das getan, dann beobachten Sie, was bei Ihnen und bei Ihrem Gegenüber passiert. Achten Sie darauf, ob Sie eine Überraschung auf dem Gesicht des anderen sehen. Vielleicht ein Lächeln? Wie fühlt sich das bei Ihnen selbst an?

Aus diesem Lob-und-Tadel-Mechanismus heraus entsteht übrigens noch etwas, was die Menschen davon abhält, Bestätigung zu geben. Es ist die unbewußte, scheinbar unauflösliche Verknüpfung von Bestätigung einerseits und Wertung andererseits.

Recht geben

Die meisten Menschen, denen ich begegne, unterlassen nicht nur unbewußt, sondern oft ganz bewußt die Bestätigung ihres Gegenübers, weil sie einem großen Mißverständnis aufsitzen. Sie glauben, daß sie mit ihrer Bestätigung ihrem Gesprächspartner auch recht geben. In ihnen ist das Lob-Tadel-Prinzip so verfestigt, daß für sie jede Art von Rückmeldung mit einer Wertung verbunden sein muß. Da eine Bestätigung für sie eine Rückmeldung ist, die automatisch mit einer positiven Wertung des Gesagten einhergeht, enthalten sie sich der Bestätigung ganz bewußt immer dann, wenn sie entweder anderer Meinung sind oder sich noch gar keine Meinung gebildet haben. In beiden Fällen wollen sie ihrem Gegenüber ja nicht recht geben. Also schweigen sie lieber oder flüchten sich in Floskeln.

Dabei ist eine Bestätigung zunächst nichts anderes als eine „Empfangsbestätigung". Es ist, als würden Sie vom Briefträger ein Einschreiben in Empfang nehmen und mit Ihrer Unterschrift die Entgegennahme quittieren. Zum Inhalt des Schreibens haben Sie damit nicht Stellung genommen.

Wenn Sie jemanden bestätigen, heißt das nicht, daß Sie ihm recht geben in dem, was er gesagt hat. Sie bestätigen nur, daß seine Gedanken und der Ausdruck seiner Gedanken in Form seiner Handlung bei Ihnen angekommen sind. Sie bestätigen, daß es in Ordnung ist, daß der Gedanke da ist. Damit bestätigen Sie Ihr Gegenüber in seinem Denken, Sprechen und Handeln, ohne ihm recht zu geben. Im Umkehrschluß heißt das: Bekommen Sie von jemandem Bestätigung, der dem, was Sie sagen, aber widerspricht, sollten Sie sich nicht darüber ärgern.

Im Gegenteil: Sie haben von ihm das Wertvollste bekommen, was er Ihnen geben kann – seine Bestätigung. Ob Sie sich später inhaltlich einigen können oder nicht, tut dem zunächst keinen Abbruch.

Der wahre Wert

Was macht den Wert der Bestätigung aus? Wie schafft es die Bestätigung, die überschüssige Energie zu neutralisieren? Die Antwort hat mit einem zutiefst menschlichen Bedürfnis zu tun. So unterschiedlich wir im einzelnen auch sein mögen, eines eint uns alle: Wir streben nach Sinn. In allem, was wir tun, ist unser Ziel vordergründig ein Nutzen. Tatsächlich aber suchen wir den Sinn in unserem Dasein damit.

Während der Nutzen meist klar auf der Hand liegt, weil er sich immer im Materiellen abbildet, ist der Sinn wesentlich weniger leicht zu erkennen. Er liegt im immateriellen Bereich der Existenz und ist somit oft schwerer zu benennen.

Erfolg ist ein gutes Beispiel dafür, er hat einen bestimmten Nutzen. Sie erreichen Ihr Ziel und erschließen sich damit neue Möglichkeiten. Erfolg kann außerdem viel Geld einbringen oder auch viel Anerkennung. Weder Geld noch Anerkennung allein vermitteln Ihnen zwingend einen Sinn. Der ergibt sich erst aus dem Gefühl des Glücks, das Sie persönlich mit diesem Erfolg verbinden. Ohne dieses Gefühl ist der Nutzen da, nicht aber der Sinn. Ein solcher Erfolg fühlt sich schal an.

Der Sinn ist der Überbau. Er ist die Ordnung, nach der Sie in Ihrem Leben Glück finden. Die Bestätigung, die Sie sich selbst geben und die Sie von außen bekommen, ist es, die Sie beim Erkennen dieses Sinns unterstützt. Sie hilft Ihnen, Ihre Gedanken in Bezug zu Ihrer Ordnung zu setzen und so und herauszufinden, was Ihrem Verständnis von Sinn entspricht.

Je klarer Sie Ihren Sinn selbst erkennen, desto mehr Sicherheit und Selbstzutrauen werden Sie erlangen. So gehen Bestätigung und Selbstzutrauen Hand in Hand. Deshalb lautet das Prinzip Bestätigung:

Durch das Geben und Nehmen von Bestätigung schaffe ich Selbstzutrauen.

Claudia wandert außen am Park entlang. Sie hat keine Augen für die Mauer oder die Tore. Ihre Gedanken sind nicht mehr bei dem geheimnisvollen Zugang, sie sind nicht im Gerichtssaal, sie sind nicht bei dem älteren Herrn – sie sind ganz bei ihr selbst. In ihrer Gegenwart.

Sie hört die matschigen Schneereste unter ihren Schuhsohlen quatschen. Sie sieht die zarten, gelben Hamamelisblüten und denkt: ‚Kein Wunder, heißt sie auch Zaubernuß. Sie blüht, wenn sonst noch keiner Hoffnung auf Blüte hat.' Sie bleibt stehen, um den zarten Duft einzuatmen.

„Es riecht wunderbar", sagt eine ruhige Stimme hinter ihr. Diesmal erschrickt Claudia nicht mehr. Ein Lächeln geht über ihr Gesicht, und sie dreht sich zu dem älteren Herrn um. „Ja, wirklich wunderbar", sagt sie. Sie sieht sich suchend um und fragt: „Wo ist Ihr Hündchen?" Er schaut sich ebenfalls um und erwidert: „Er wird rechtzeitig wieder da sein." „Woher wissen Sie das?" „Ich denke, daß es so sein wird. Und deshalb wird es auch so sein", erwidert er und sieht sie wieder direkt an.

Er fragt in einem Ton, der jeden Zweifel ausräumt, daß es sich um eine Floskel handelt: „Wie geht es Ihnen?"

Sie seufzt und sagt: „Ich weiß es nicht. Es gibt Augenblicke, da geht es mir so gut wie nie. Die anderen geben mir Anerkennung und Respekt in einer Form, wie ich es noch nie zuvor erlebt habe. Und vom einen Moment auf den anderen bricht alles wieder zusammen. So wie gestern."

"Möchten Sie mir erzählen, was gestern war?" Sie nickt und beginnt: "Lassen Sie mich noch weiter ausholen. Erinnern Sie sich an unsere letzte Begegnung? Sie haben mit mir über das Äußern und das Erkennen von Bedürfnissen gesprochen. Das habe ich mir sehr zu Herzen genommen."

Claudia erzählt von der Einladung der Mönchmeiers und der guten Lösung, die sie mit ihrem Mann gefunden hat. Sie erzählt von ihren Erlebnissen an der Straßenkreuzung und im Bus. Sie erzählt auch von dem alten Charly und seiner Aussage, wo sie ihren Zugang finden kann. Und daß sie vergeblich danach gesucht hat. Und wie sie sich darüber geärgert und ihren Ärger noch am nächsten Morgen an ihrem Mann ausgelassen hat.

"Dann wurde mir plötzlich bewußt, was ich da tue." Die beiden stehen immer noch in der Nähe des Hamamelisbaums, sie gestikuliert, er hört aufmerksam zu. "Ich habe mich entschuldigt und ihn umarmt. Er hat die Umarmung erwidert, und auf einmal war alles gut. Es hat sich so richtig angefühlt. Bis mir eingefallen ist, daß das doch gar nicht sein kann." Sie läßt

die Arme sinken und starrt zu Boden. Sie fährt fort: „Ab dem Moment ging alles schief. Ich bin fast die Treppe heruntergefallen, der Bus kam zu spät, das Taxi stand im Stau, und der wichtigste Verhandlungstermin des Jahres wurde abgesagt, weil ich nicht erschienen bin."

„Und? Haben Sie sich Gedanken gemacht, warum das alles so passiert ist?" fragt der Herr. Sie nickt und schabt mit dem rechten Fuß eine kleine Kuhle in den aufgeweichten Weg. Sie sagt stockend: „Ich glaube, es war gut, daß ich mich entschuldigt habe. Da war ich ganz bei mir und gleichzeitig ganz bei ihm – und habe ihn das auch wissen lassen. Deshalb konnte er mich wissen lassen, daß er meine Entschuldigung annimmt."

Er nickt und sagt: „Sie haben ihm Bestätigung gegeben, und er hat Ihnen Bestätigung gegeben. Das war ein Moment voll Natürlichkeit. Das haben Sie genauso empfunden. Und was ist dann passiert?"

„Meine Erfahrung hat mir gesagt, daß das nicht normal ist. Das da was faul sein muß – entweder mit mir oder mit der Situation."

„Genau", bestätigt er. „Sie haben sich von Ihrem Zweifel Ihre Selbstbestätigung rauben lassen. In diesem Augenblick haben

Sie aufgehört, Bestätigung zu geben und Bestätigung anzunehmen. Das hat Ihr Kartenhaus zum Einsturz gebracht, die alten Gewohnheiten haben sich wieder Bahn gebrochen."

Er öffnet seine Arme weit und strahlt sie an: „Sie haben es also selbst erlebt. Die Bestätigung ist das, was Ihrem Brückenbogen hin zu Anerkennung, Respekt und Selbstvertrauen den letzten, den entscheidenden Halt gibt. Die Information ist für Sie zu Wissen geworden."

Kleine, platschende Geräusche, die schnell näherkommen, unterbrechen ihn. Der Terrier kommt über die Schneelachen herangesprungen. Sein Herrchen beugt sich zu ihm hinunter, streichelt ihm sanft über den Kopf und sagt: „Da bist du ja. Gerade rechtzeitig. Wie schön."

Mit Blick auf die Wassertropfen, die überall in dem kurzgelockten Hundefell hängen, ergänzt er: „Geh dich bitte noch mal schütteln. Aber halte etwas Abstand zu uns. Wir würden gerne trockenbleiben." Das Hündchen entfernt sich gehorsam ein paar Meter, schüttelt sich ausgiebig und kommt dann zurück. Er setzt sich vor Claudia hin und sieht sie gespannt an.

Auch sie beugt sich zu ihm hinunter und fährt ihm über das Fell. Sie dreht den Kopf zu dem Mann und fragt: „Sie sagten, er sei rechtzeitig gekommen. Für was denn?"

„Was glauben Sie denn, für wen oder was er rechtzeitig gekommen ist?" fragt er lächelnd zurück. „Ich weiß es nicht", erwidert sie. „Bitte achten Sie auf meine Wörter", sagt er gleichmütig. „Ich fragte nicht, ob Sie es wissen. Ich fragte, was Sie glauben." „Ähm", stottert sie. Sie hat die Hand vom Rücken des Hündchens genommen und schaut es erstaunt an. „Er ist doch nicht für mich rechtzeitig gekommen, oder?"

Er lächelt geheimnisvoll. Sie wackelt ungläubig mit dem Kopf und murmelt: „Das könnte man fast glauben." Er schaut sie streng an: „Erinnern Sie sich an das bewußte Sprechen! Ersetzen Sie das „man" durch „ich"." „Richtig", sagt sie und räuspert sich, bevor sie sagt: „Ich könnte das fast glauben."

„Und warum nur fast?" fragt er, nun wieder lächelnd. Sie schaut ihn zögernd an, gibt sich dann einen Ruck und sagt im Aufrichten: „Also gut. Ich glaube es."

„Und was ist das wohl, wofür er für Sie rechtzeitig gekommen ist?" fragt er geduldig weiter. „Keine Ahnung." Claudia schaut ihn erneut ratlos an. Er hebt eine Augenbraue und erwidert: „Keine Ahnung? Gehen Sie noch mal nach innen: Haben Sie wirklich keine Idee?"

Sie blickt hilfesuchend zuerst das Hündchen, dann den Herrn und schließlich wieder das Hündchen an. Aber beide schauen *sie nur erwartungsvoll an. Da durchzuckt sie ein Gedanke: ‚Nach innen?' „Innen findste die Öffnung", wiederholt sie langsam Charlys Worte. Sie schaut mit großen Augen zu Herr und Hund. Beide heben die Augenbrauen und nicken, wie um zu sagen: „Jetzt hat sie es."*

Der Terrier ist aufgesprungen und läßt ein aufforderndes, kleines Bellen hören. Er will sich offensichtlich in Bewegung setzen. Und der Mann sagt: „Sehen Sie: Wenn Sie an etwas glauben, werden Ihnen auch die richtigen Ideen kommen, um das, an was Sie glauben, geschehen zu lassen. Gehen wir?" Claudia nickt staunend. Das Hündchen trippelt auf ihr Nicken hin los.

~

Das eine, das alle verbindet

Sie sind jetzt kurz vor dem Ziel. Das letzte Prinzip, die Bestätigung, ist das, was all die davor genannten Prinzipien in Einklang bringt. Es ist die Kraft, die all die verschiedenen Elemente harmonisch miteinander verbindet.

Warum das so ist? Weil Sie nicht nach dem Wie und Warum fragen, sondern nun Ihr Wohin erkennen. Das Prinzip der Bestätigung zeigt Ihnen die Richtung. Indem

Sie sich durch die Bestätigung in Ihrem Sinn selbst erkennen lernen, finden Sie heraus, wohin Sie in Zukunft steuern sollten, um ein glückliches, erfülltes Leben zu führen.

Voraussetzung dafür ist, das Prinzip Bestätigung nicht nur zu kennen, sondern es aktiv in Ihrer Lebenswirklichkeit zu verankern. Lernen Sie also,

- sowohl Bestätigung zu geben
- als auch Bestätigung anzunehmen.

Die beiden Schritte laufen nur scheinbar getrennt voneinander ab. Erstens habe ich bereits erläutert, daß Sie – wenn Sie Bestätigung geben – nicht nur der spendende Part sind, sondern gleichzeitig der empfangende. Sie erhalten durch Ihre Gabe Selbstbestätigung.

Zweitens werden Sie Bestätigung von außen nur dann annehmen können, wenn Sie die wichtigsten Voraussetzungen für das Geben von Bestätigung erfüllt haben: Präsenz und Offenheit. Wenn Sie die nicht haben, werden Sie auf Bestätigung von außen mit Irritation, Mißtrauen und Ablehnung reagieren. Sie lassen die Bestätigung nicht gelten und weisen das wertvolle Geschenk, das Ihnen Ihr Gegenüber macht, zurück. Sie verunsichern den anderen damit, und er wird seinerseits von da an nur schwer die

Bestätigung von Ihrer Seite annehmen können. Arbeiten Sie also an dem einen Schritt, entwickeln Sie gleichzeitig auch den zweiten und umgekehrt. Das ist nicht so schwer, wie es klingt, denn beide beruhen auf der gleichen inneren Haltung.

So geben Sie Bestätigung

Diese Haltung ist geprägt von drei bewußten Gedanken, die Sie durch das Gespräch leiten:

- Ich sehe dich.
- Ich höre dich.
- Ich nehme dich wahr.

Um Ihre innere Haltung zu vervollständigen, fügen Sie noch einen entscheidenden Satz hinzu:

- Du bist der beste Mensch.

Auch wenn es Ihnen am Anfang befremdlich erscheint: Denken Sie genau diesen Satz, wenn Sie Ihren Gesprächspartner ansehen, denken Sie ihn wortwörtlich – und denken Sie ihn mit dem Herzen. Denken Sie ihn immer wieder. Er ist an Freundlichkeit kaum zu überbieten. Er räumt Ihrem Gegenüber jenen Vertrauensvorschuß ein, der ihm hilft, sein Vertrauen in sich und in Sie so zu stärken, daß Sie zu einem echten Miteinander finden können.

Sie wissen ja: Sie sind die Ursache dafür, wie Ihr Gespräch verläuft. Es ist an Ihnen, die Voraussetzung für ein gutes Gelingen zu schaffen.

Selbstverständlich sprechen Sie diese Sätze nicht laut aus. Das würde gerade im beruflichen Umfeld für ein Höchstmaß an Irritation sorgen. Es ist auch gar nicht nötig. Diese Sätze sind allein dazu bestimmt, über den Vorgang des bewußten Denkens Ihre Haltung dem anderen gegenüber zu justieren. Übermitteln werden Sie Ihre Haltung dann sowieso.

Auf diese Art senden Sie dem anderen Ihre Bestätigung. Er erhält das Signal: Mein Gegenüber nimmt mich wahr, er ist gedanklich bei mir, er richtet sein Bewußtsein voll auf mich. Vor allem: Er ist mir wohl gesonnen. Allein dadurch entsteht in ihm das Gefühl, von Ihnen wertgeschätzt zu werden. Es bedarf keiner zustimmender Kommentare wie „Sehe ich genauso", um ihn zu beflügeln. Allein dadurch, daß Sie ihm Ihre volle Aufmerksamkeit schenken und ihn damit in seinen Worten und Gedanken bestätigen, entwickelt sich in ihm ein Gefühl von Respekt und Selbstvertrauen.

Daß diese Übermittlung ohne Worte funktioniert, können Sie selbst leicht ausprobieren. In meinen Kursen bitte ich meine Teilnehmer, folgende Übung jeweils zu zweit zu machen. Sie, lieber Leser, liebe Leserin, können sie mit einem vertrauten Menschen durchführen oder direkt im echten Leben mit einem Gesprächspartner testen. Dieser muß dabei noch nicht einmal wissen, daß Sie gerade etwas ausprobieren.

Die Situation ist folgende: Zwei Menschen sitzen oder stehen sich gegenüber. Beide sind bewußt präsent. Einer von beiden erzählt und der andere hört nur zu. Er stellt keine Zwischenfragen, er unterbricht den Sprechenden nicht aktiv. Er ist aber höchst aufmerksam und offen. Führen Sie die Übung im Alltag ohne Wissen Ihres Gegenübers durch, dann übernehmen Sie auf jeden Fall den hinhörenden Part.

Während der eine erzählt, denken Sie an einem bestimmten Punkt bewußt (bitte nur denken!): „Danke, ich habe es gehört." Stellen Sie sich dabei vor, wie Sie die Hand zu einem Stopzeichen erheben. Denken Sie die Wörter klar und deutlich, in freundlichem Ton, aber entschlossen.

Ihre Bestätigung ist also gekoppelt an eine Aufforderung, die den Sprecher aus dem Konzept bringen soll. Am besten führen Sie diese Übung bei einem Vielredner durch, der in seinem Redefluß sonst nur schwer zu bremsen ist.

Beobachten Sie sehr sorgfältig, wie der Erzähler in diesem Moment reagiert. Höchstwahrscheinlich wird er für einen Augenblick stocken und hat Mühe, den Faden seiner Geschichte wiederzufinden. Lassen Sie ihn ruhig noch etwas weitersprechen und wiederholen Sie Ihr gedankliches Stopsignal, um dann erneut auf seine Reaktion zu achten.

Ist Ihr Partner eingeweiht, dann lassen Sie sich berichten, wie er sich während des Gesprächs gefühlt hat. Dann tauschen Sie die Rollen, damit auch Sie diesen Effekt erleben können.

Im zweiten Teil der Übung ist das Ausgangsszenario gleich: Ihr Gegenüber erzählt, Sie hören zu. Beide sind Sie präsent. Nun denken Sie wieder wie zuvor (bitte nur denken!): „Ich habe es gehört, und ich höre weiter hin." Sie geben also Bestätigung und fordern gleichzeitig zur Fortsetzung auf. Beobachten Sie Ihren Gesprächspartner genau: Diesmal wird er nicht stolpern in seiner Geschichte. Im Gegenteil: Er wird noch weiter in den Fluß kommen, er wird sich entspannen. Wieso? Weil Gefühle wie Respekt und Wertschätzung in ihm anwachsen, ohne daß Sie auch nur ein Wort der Ermunterung oder der Zustimmung ausgesprochen haben.

So geben Sie wirksam Bestätigung. Lassen Sie aber auch Bestätigung von außen bei sich wirksam werden.

So nehmen Sie Bestätigung an

Je weniger Selbstsicherheit Sie haben, um so weniger wird Ihnen Bestätigung von außen helfen, dieses Gefühl aufzubauen. Weil Ihre mangelnde Selbstsicherheit dazu führt, daß Sie die Bestätigung, die Ihnen geboten wird, nicht annehmen: Sie wollen einfach nicht daran glauben. Für viele Menschen ist es einfacher, mit dem Geben von Bestätigung anzufangen. So können sie nach und nach genug Selbstsicherheit aufbauen, um Bestätigung auch direkt annehmen zu können.

Haben Sie also damit Schwierigkeiten, konzentrieren Sie sich zu Beginn ruhig auf das Bestätigunggeben. Bleiben Sie dabei stets präsent, denn irgendwann werden Sie merken, daß Sie in die Lage kommen, auch zu nehmen.

Und dann tun Sie das. Bewußt, bereitwillig und produktiv.

Achten Sie – wie beim Geben – beim Nehmen besonders auf die nicht ausgesprochene Art der Bestätigung. Sie ist verläßlicher von bloßen Schmeicheleien zu unterscheiden.

Ein Beispiel: Bei einem Vortrag von Ihnen bemerken Sie, wie Ihr Chef, anstatt auf die Uhr oder in seine Unterlagen zu schauen, Ihnen andächtig und interessiert zuhört. Gefühle von Respekt und Wertschätzung steigen in Ihnen hoch. Drücken Sie sie nicht weg! Lassen Sie sie zu und pflegen Sie sie, die Gefühle dürfen sich ausbreiten und Sie ausfüllen.

Haben Sie genügend Selbstsicherheit gesammelt, können Sie diese Gefühle aufkommen lassen. Vielleicht sind Sie auch schon soweit, daß Sie ihnen aktiv entgegengehen können, wenn Sie spüren, daß Ihr System sie wegdrücken möchte.

Für das Prinzip Bestätigung gilt wie für alle Prinzipien: Üben Sie es aktiv ein, da es nur über die erlebten Informationen in Ihr Bewußtsein gelangen kann. Nur so kommen Sie an den Punkt, an dem Sie Bestätigung intuitiv geben und empfangen.

Die Königsklasse: Selbstbestätigung

Mit den Jahren der Übung können Sie die Stufe der Meister erreichen. Auf diesem Niveau können Sie sich tatsächlich von dem Bedürfnis nach Bestätigung von außen lösen.

Haben Sie wahrhaft Ihr eigenes Potential erkannt, die Fähigkeiten und Möglichkeiten, die Sie aktuell besitzen, und die Art, wie Sie diese nutzen, klar vor sich sehen und wissen, welche Fähigkeiten Sie sich zusätzlich aneignen können, dann haben Sie sich selbst erkannt. Sie kennen Ihren Sinn und sind in der Lage, Ihre Gedanken selbständig entsprechend zuzuordnen. Sie schaffen es, sich selbst zu bestätigen, wer Sie sind, was Sie ausmacht und was Sie ausmachen könnte. Auf dieser höchsten Stufe der Selbstbestätigung benötigen Sie keine Bestätigung mehr von außen. Dann sind Sie in sich eins.

~

Schweigend folgen Claudia und der Herr den trippelnden Schritten des Terriers. Er schnüffelt nicht – wie sonst – mal hier, mal da, sondern läuft zielstrebig voraus. Er blickt sich auch nicht um, er geht hocherhobenen Hauptes voran wie einer, der in wichtiger Mission unterwegs ist. Sie denkt: ‚Er scheint sich wegen der Richtung sicher zu sein.'

Sie wirft einen scheuen Blick auf den Herrn, der neben ihr hergeht und selbst in Gedanken versunken zu sein scheint.

Ihr geht durch den Kopf: ‚Komisch. Bis jetzt hatte ich immer tausende Fragen, die ich ihm stellen wollte. Doch jetzt fallen mir keine mehr ein. Es scheint alles so klar. Alle Prinzipien spielen ineinander.'

Sie schließt ihre Hand zu einer lockeren Faust. Dann spreizt sie den Daumen ab.

‚Da ist das Prinzip des Gegenwartsbezogenen Denkens: Ich schaue auf das, was ich tue.'

Sie spürt, wie sich das Leder ihres Handschuhs über ihrem abgespreizten Daumen spannt. Sie riecht den nassen, kühlen Weg. Sie sieht, wie sich vereinzelt Sonnenstrahlen durch Wolkenlücken mogeln und in den Pfützen, die vom schmelzenden Schnee gespeist werden, widerspiegeln.

‚Ja, ich bin im Hier und Jetzt', denkt sie und lächelt.

Als nächstes spreizt sie den Zeigefinger ab: ‚Dann das Prinzip des Vorherdenkens: Sammeln – Betrachten – Auswählen. Und das Prinzip des Vorformulierens: das gewählte Bild in Wörter übertragen.'

Sie schüttelt leicht den Kopf: ‚Wie war das nur, als ich noch nicht wußte, wie das geht? Habe ich wirklich nicht gewußt, daß es mir um Anerkennung und Respekt geht bei dem, was ich tue?' Sie zuckt mit den Schultern und denkt: ‚So muß es wohl gewesen sein. Das konnte ja gar nicht funktionieren.'

Anschließend streckt sie den Mittelfinger aus: ‚Das Prinzip des Überprüfens der Bereitschaft: Bin ich bereit, zu geben und zu nehmen, und ist der andere dazu bereit?'

Inzwischen unterstreicht sie ihre Gedanken mit entsprechenden Armbewegungen: ‚Das ist auch nur logisch. Wenn ich nicht bereit bin, mein Verhalten zu ändern, wird sich nichts, aber auch gar nichts ändern. Und wenn der andere gerade nicht bereit ist mitzugehen, dann muß ich erst dafür sorgen, daß er es kann.'

Der Herr beobachtet lächelnd Claudias stummen Vortrag und sieht, wie sie auch den vierten Finger streckt.

Sie denkt: ‚So, dann das Prinzip des Bewußten Denkens, Sprechens und Handelns: Mein Denken bestimmt meine Wörter, meine Wörter bestimmen mein Handeln.'

Sie fährt mit der Hand und den vier abgespreizten Fingern bestätigend durch die Luft bei dem Gedanken: ‚Klar. Nur wenn ich das richtige denke, kann ich auch die richtige Sprache dafür finden und so handeln, daß das richtige passiert – das, was förderlich für mich ist und für die Beteiligten.'

Schließlich streckt sie auch den fünfte Finger aus und betrachtet ihn: ‚Jetzt noch das Prinzip der Intensität: Der andere bestimmt die richtige Intensität.'

Sie kratzt sich mit der anderen Hand bedauernd am Kopf: ‚Die arme Frau Helferich. Mein armer Mann. Denen habe ich früher ganz schön viel zugemutet, weil ich sie einfach überrollt habe in meiner Streitlust.'

Sie senkt die Hand wieder und spreizt den Daumen ihrer zweiten Hand: ‚Sechstens: Das Prinzip der Kenntnisnahme: Ich widme den Bedürfnissen des anderen Aufmerksamkeit.'

Spielerisch tippt sie mit der offenen Fläche der anderen Hand auf den abgespreizten Daumen: ‚Wie soll das auch gehen sonst? Wenn ich dessen Bedürfnisse nicht kenne, habe ich keine Chance, Lösungen zu finden, die für uns beide gut sind. Lasse ich den anderen meine Bedürfnisse nicht wissen, dann tappt der auch im Dunklen. Diese Prinzipien sind so was von logisch.' Sie muß grinsen. Wenn sie es sich recht überlegt, klingt das alles so einfach. Zu einfach. Aber – und da verliert sich ihr Grinsen wieder – sie hat an sich selbst gemerkt, wie schwer es ist, sich danach zu richten. Wie schmerzhaft es ist, sich von alten Gewohnheiten beim Denken und Handeln zu trennen. Wie hartnäckig diese sich im Verhalten festkrallen und jede Hintertür nutzen, um sich wieder hereinzudrängen, kaum hat sie sie zur Vordertür hinausgejagt.

Damit streckt sie den Zeigefinger der zweiten Hand und denkt: ‚Und hier noch das letzte Element. Das Prinzip Bestätigung: Durch das Geben und Nehmen von Bestätigung fühle ich den Sinn.'

Sie wedelt mit den sieben ausgestreckten Fingern in der Luft wie ein Dirigent mit seinen Taktstock zum Schlußakkord: ‚Der Sinn in meinem Handeln gibt mir die nötige Selbstsicherheit, die die Zweifel besiegt.'

„Das ist es!" sagt sie laut. „So einfach wie logisch." *Der Herr lächelt und nickt:* „Ich hatte es Ihnen ja bereits gesagt, das sind causale Zusammenhänge. Es sind Regeln des Universums."

„Sehen Sie." *Er hat angehalten und weist in die Richtung, in die sie gehen. Vor ihnen liegt der zierliche Monopteros. Die Parkarbeiter hatten sich die letzten Wochen einen Spaß daraus gemacht, beim Räumen allen Schnee im Umkreis zu dem kleinen Gebäude hinzuschieben und dort aufzutürmen.*

So waren die Säulen ganz in den weißen Riesenhaufen verschwunden gewesen, nur noch die flache Kuppel mit den von Grünspan überzogenen Kupferschindeln war oben sichtbar geblieben. Eine dichte Menschentraube steht um das Rundtempelchen herum. Einige schütteln den Kopf, andere tauschen sich angeregt mit ihrem Nebenmann aus und Handys werden in die Luft gehalten, um Fotos zu schießen.

Claudia und der Herr tauschen erstaunte Blicke aus, aber das Hündchen läßt sich nicht beirren. Es läuft geradewegs auf den Monopteros zu. Also folgen die beiden ihm.

Satzfetzen sind zu hören, als sie sich nähern: „… noch nie gesehen …", „… ganz einmalig …", „… wie das sein kann?"

Sie sind schon fast am äußeren Zirkel der Menge angelangt. Ein Mann mit schwarzer Baskenmütze und Spitzbart doziert gerade vor einer Schar grauhaariger Frauen: „Dies ist ein wahrhaft ungewöhnliches Naturphänomen, meine Damen. Ich nehme an, daß dies aufgrund des Drucks beim Heranschieben der Schneemassen, eines besonderen Temperaturverlaufs in den letzten Tagen und auch einer speziellen Anhäufung von Kristallisationskeimen geschehen konnte."

Der Terrier ist ungeachtet des Vortrags zwischen den Beinen der Umstehenden verschwunden. Claudia und der Herr drängen sich mühsam nach vorne, näher an den Monopteros heran. Endlich sind sie in die erste Reihe vorgedrungen.

Ihre Blicke werden andächtig und wandern vom Boden des Tempelchens zum Plafond. Rundherum hat sich zwischen den Säulen von oben bis unten eine Eisfläche gebildet. Es ist, als wären zwischen den runden Stützen rahmenlose Glasfenster eingebaut. Das Eis ist klar, die Menschen auf der anderen Seite sind gut zu sehen, aber doch irgendwie weit weg.

Das Hündchen hat sich hingesetzt und blickt zu Claudia hoch. Es sieht sehr zufrieden mit sich aus. Sie aber ist fasziniert von der glasigen Fläche. Sie kann ihre Blicke gar nicht losreißen davon. Das ist genau wie die Wand, die sie vor kurzem noch gespürt hat: eine Glaswand, die zwischen ihr und den anderen steht.

Sie bemerkt gar nicht, daß Herr und Hund sich von ihrer Seite gelöst haben und sich um den Monopteros herum auf die gegenüberliegende Seite gedrängt haben. Deshalb ist sie überrascht, als sie die beiden auf einmal durch die eisige Scheibe hindurch sieht. Sie erkennt, daß der Herr ihr freundlich zulächelt. Und wie er eine einladende Handbewegung macht. Die Handbewegung vollführt keinen Halbkreis, sondern geht direkt von ihm zu ihr. Sie schaut ihn fragend an, doch er wiederholt nur seine Handbewegung. Sie fühlt, wie sie anfängt zu verstehen. Ja, jetzt weiß sie, was er ihr bedeuten möchte. Und ja, sie ist bereit. Sie tritt ganz nah an eine der Eisflächen zwischen den Säulen heran und streckt die rechte Hand aus. Sie legt ihren Handteller auf das Eis. Die Menge um sie herum ist verstummt und beobachtet sie gespannt.

Sie steht nur da, mit der Hand auf dem Eis und dem Blick auf den Herrn hinter dem Eis. Sie fühlt, wie die Kälte in die Haut und darunter kriecht. Aber es stört sie nicht. Sie weiß, daß sie die Ursache ist für die Wand. Und es in ihrer Hand liegt, sie verschwinden zu lassen.

Ein anschwellendes „Ohhh" der Menge läßt sie auf ihre Hand schauen. Sie sieht, daß die Eisschicht darunter dünn und dünner geworden ist. Sie schaut nach oben. Es ist fast, als würde sich auf der gesamten Fläche das Eis in einen zarten Wasserfilm verwandeln, einer Seifenblase ähnlicher als einer Wasseroberfläche.

Schließlich kommt ein kleiner Windhauch, und so geräuschlos wie das Platzen einer Seifenblase löst sich die Schicht auf. Einen Moment herrscht Stille, dann bricht ein lautes Palaver los. Nur Claudia rührt sich nicht und blickt auf die andere Seite des Monopteros – dahin, wo bis eben noch Herr und Hund standen. ‚Er ist weg', denkt sie. ‚Er wird nicht wiederkommen.'

Es ist nicht Trauer noch Schmerz, was sie fühlt. Sie empfindet tiefe Freude und Dankbarkeit. Sie weiß genug, um von hier an allein weiterzumachen.

Sie denkt, daß sie es kann.

Und deshalb wird sie es können.

∼

Heute!

Über die Prinzipien des Gegenwartsbezogenen Denkens, des Vorherdenkens, der Bereitschaft, des bewußten Denkens, Sprechens und Handelns, der Intensität, der Kenntnisnahme und der Bestätigung haben Sie nun das Ziel vor Augen.

Und das Ziel ist nichts anderes als: Sie selbst.

All die Stufen, die Sie erklommen haben, führen zu Ihnen, zu dem, was Sie wahrhaft sind und wohin Sie sich entwickeln wollen. Sie haben erfahren, wie Sie in die Lage kommen, Ihre Bedürfnisse, Wünsche, Ziele aus Ihrem natürlichen Wesen heraus zu generieren und nicht auf der Grundlage einer normierten Vorgabe.

Haben Sie das ganze Buch gelesen, dann haben Sie eine große Menge an Informationen. Viele waren wohl neu für Sie, und Sie haben innerlich einen Widerwillen dagegen empfunden. Ich hatte Sie ja gewarnt und auch erklärt, wo diese Emotionen herkommen – aber auch, wie Sie sie überwinden. Jetzt ist es an Ihnen, diese Informationen für sich in Wissen und Gefühle zu verwandeln. Tun Sie das, wird sich Ihr Leben verändern. Das kann ich Ihnen garantieren. Sie werden den Respekt und die Anerkennung erfahren, die Sie sich wünschen. Sie werden zu sich selbst Zutrauen haben.

Nicht garantieren kann ich Ihnen, daß alle in Ihrem Umfeld diese Veränderung sofort begrüßen werden. Manch einer wird damit nicht glücklich werden. Viele andere aber werden Ihre Verwandlung staunend und positiv wahrnehmen.

Waren Sie bisher die Ursache für Ihr eigenes Unglück, werden Sie nun die Ursache für Ihr eigenes Glück.

Sie tun es für sich.

Tun Sie es.

Die Prinzipien

~

Gegenwartsbezogenes Denken
Ich schaue auf das, was ich tue

Vorherdenken
Sammeln – Betrachten – Auswählen

Vorformulieren
Das gewählte Bild in Wörter übertragen

Überprüfen der Bereitschaft
Bin ich bereit, zu geben
und zu nehmen,
ist der andere ebenfalls
dazu bereit?

Bewusstes Denken, Sprechen und Handeln

Mein Denken bestimmt
meine Wörter,
meine Wörter bestimmen
mein Handeln

Intensität

Der Empfänger einer Information
bestimmt die richtige Intensität

Kenntnisnahme

Ich widme den Bedürfnissen
des anderen Aufmerksamkeit
Ich höre hin!
Ich nehme wahr!

Bestätigung

Durch das Geben und Nehmen
von Bestätigung
schaffe ich Selbstzutrauen

Horst Vogel ist der Grandseigneur der deutschsprachigen Seminar- und Coachingszene im Bereich Persönlichkeitsentwicklung. Er begeistert Seminarteilnehmer seit über 40 Jahren mit lebensnahen Inhalten und nachvollziehbaren Methoden für ein erfülltes und erfolgreiches Leben. Durch seine ausgeprägte Fähigkeit, komplexe Vorgänge leicht verständlich zu erklären, ist er in der Lage, Menschen zu außerordentlichen Ergebnissen zu führen.

Seine Inhalte hat er aus universell gültigen causalen Gesetzen entwickelt, die den qualitativen Unterschied zu anderen Experten ausmachen, insbesondere in Bezug auf ethische Aspekte.

Ursprünglich in leitender Position von großen Unternehmen tätig, entwickelte Horst Vogel seit 1973 eigene Trainingskonzepte für Personal- und Organisationsentwicklung mit den Schwerpunkten Prozessoptimierung, Coaching von Führungskräften und Konfliktmanagement – aus der Praxis für die Praxis.

Die große Nachfrage nach diesen Seminaren führte 1976 dazu, dass sich Horst Vogel als Trainer und Strategieberater selbstständig machte. Seit Jahrzehnten ist er nun für zahlreiche Unternehmen in den unterschiedlichsten Branchen tätig. Seit 1981 hält Horst Vogel zusätzlich offene Seminare. Diese sind eine gelungene Kombination aus wissenschaftlich fundierten Hintergrundinformationen und praktischer Anleitung.

Wenn Ihnen dieses Buch gefallen hat, finden Sie ein besonderes Geschenk von Horst Vogel unter www.achkoenntich.com

© 2018 Edition Kruegenhaltz
www.edition-kruegenhaltz.com
info@edition-kruegenhaltz.com

Alle Rechte vorbehalten.

Umschlaggestaltung, Layout & Satz:
Simon Design GmbH
Verlag: Edition Kruegenhaltz, Vaduz
Druck: Jung Medienpartner GmbH, Limburg/Lahn
Printed in the European Union
1. Auflage, 2018

ISBN 978-3-9524879-0-7